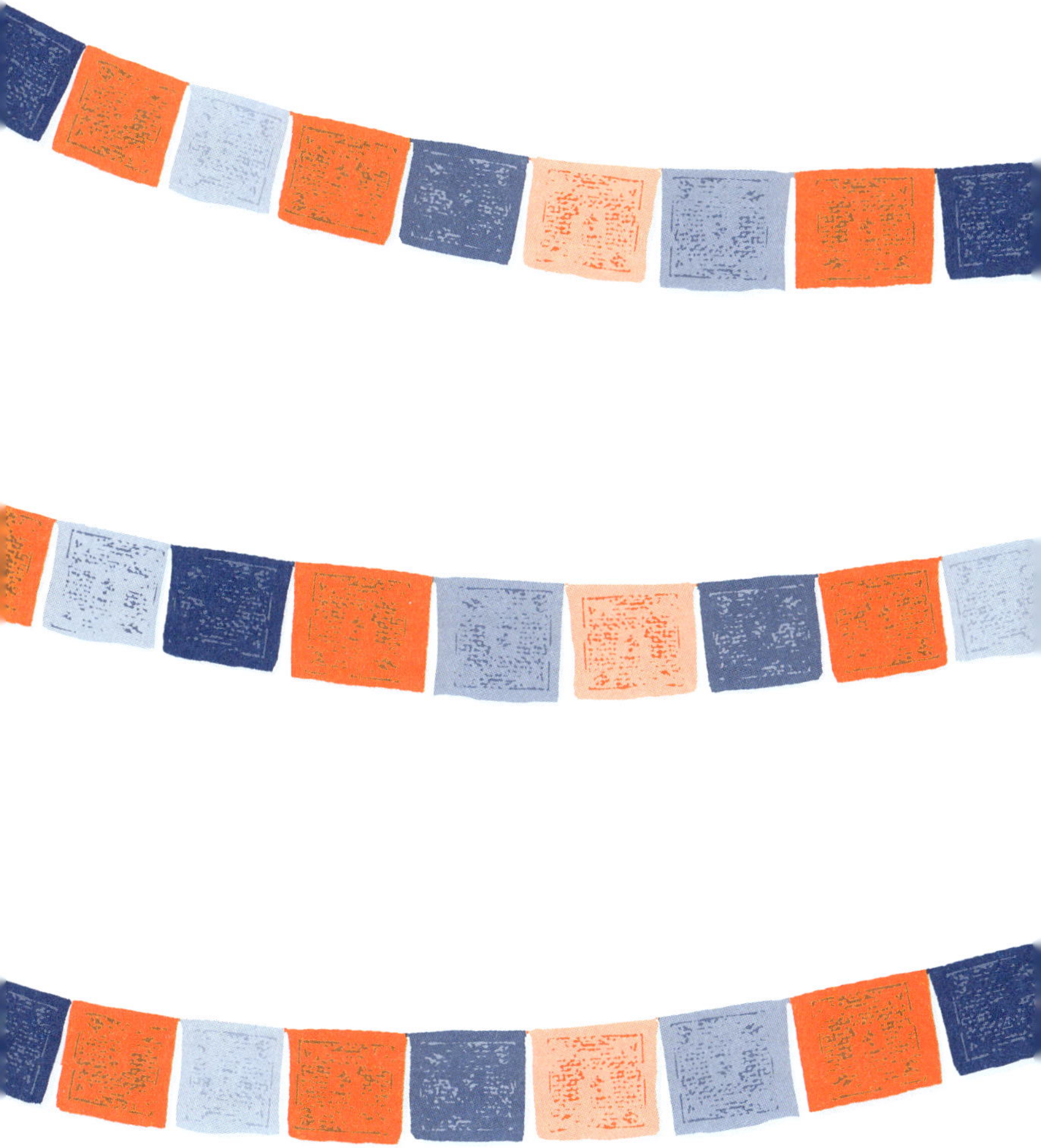

カバー＆本文イラスト

イェンス・ボンケ

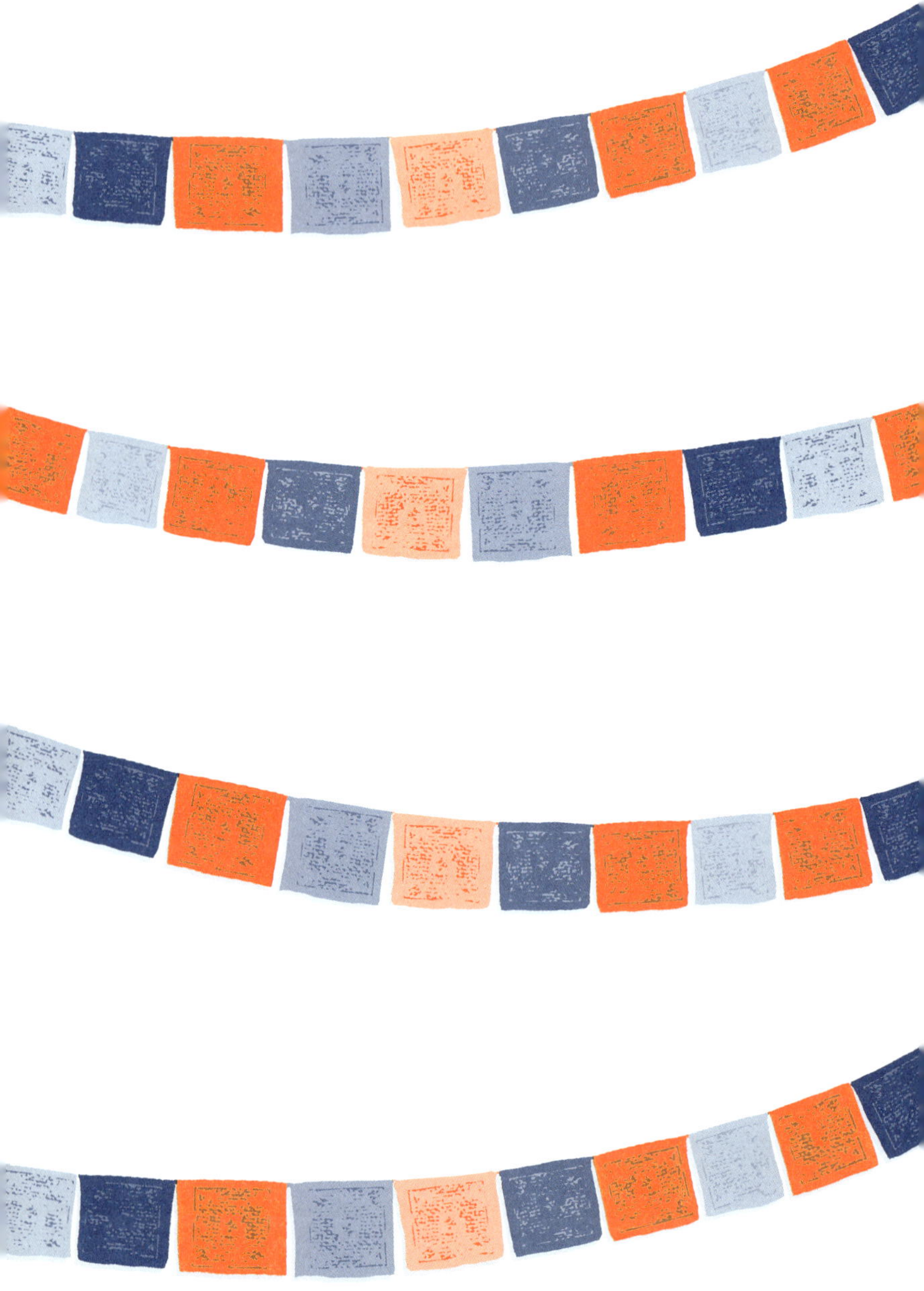

ダライ・ラマ
子どもと語る

クラウディア・リンケ

森内　薫
中野真紀
［訳］

春秋社

この本ができるまで

ノーベル平和賞受賞者でありチベット仏教の最高指導者でもあるダライ・ラマは、世界中の大学や学校を訪れ、若者たちに話をしてきた。ドイツでも時おり、そういう機会は設けられている。二〇一三年九月にダライ・ラマは北ドイツを訪問し、ハノーヴァーとシュタインフーデに住む子どもや若者たち計一五〇〇人と対面した。子どもたちは、若い世代に向けたダライ・ラマのメッセージに耳を傾け、最後は自分から質問をする機会を得た。二〇一四年五月にはフランクフルトのパウルス教会で、ヘッセンの小学生八〇〇人が同様の機会を得た。

基本的に非公開であるこれらの催しに私は許可を得て参加し、話の抜粋をこの本の中に活用した。許可を与えていただいたことに、心からの感謝を述べたい。二〇一四年八月にハンブルクで開かれた「人間的価値のある生き方」という催しでもダライ・ラマは講演を行なっており、その内容も本書の中にもりこんだ。この催しのさいにも、子どもや若者たちはダライ・ラマに質問を投げかけることができた。

本書ではそのほかに、催しのときの記録やダライ・ラマのインタビュー、報道記事、彼自身が編纂した本や他者による評伝も情報源として活用した。二〇一四年七月にハノーヴァーのチベット・センターで開かれたチベット文化デーでは、私はセラジェ修道大学の僧たちと知遇を得、チベット仏教の勤めや儀式を体験することができた。

若い世代のために倫理的な対話の橋渡しをしたいという思いは、長いこと私の胸にあり、生徒や教師、倫理学者や仏教学者とたくさんの話をしてきた。二〇一三年から二〇一四年にかけては、ハノーヴァーのリスト統合学校の運営当局の計らいで「国際政治」クラスのプロジェクトに参加し、生徒とともにダライ・ラマを訪問するというたいへんうれしい機会を得られた。そのときに得た知識や経験も、この本の中に活かされている。生徒たちはこの訪問のときも、自分から発言をするチャンスを与えられた。

本書の第2部の「二一世紀の世代に語るダライ・ラマのスピーチ」は、若い世代を対象に各地で行なわれたダライ・ラマの講話をまとめたものだ。そのなかには、北ドイツやフランクフルトでの話も含まれている。ドイツで行なわれた催しではダライ・ラマは、ドイツの状況に関連のある話をしているし、他の国でもやはりそれぞれの場所にちなんだ話題を取り上げている。だが、それらを別にすれば、彼が世界各地の若者に向けたメッセージはほぼ同じ内容といえる。二一世紀の世代はグローバルな世代であり、そして、「グローバル」であることこそがダライ・ラマのメッセージだ。

ダライ・ラマと子どもらの対話を記録し、この本の中で再現することに許可と支持を与えてくれたジュネーブのチベット事務所に感謝する。

目次

ダライ・ラマ　子どもと語る

＊本文中の（　）は著者による、〔　〕は訳者による注とする。

ダライ・ラマ　子どもと語る

第１部

ダライ・ラマという人

[1] 智慧の大海

「自分の存在は小さすぎて何かに影響を与えることなどできない、そう思っているなら、蚊と一緒に眠ってみなさい」

世界は若さに満ちている。現在この地球上に住んでいる人間のおよそ四五パーセントが二五歳未満で、人口にするとほぼ三〇億人になる。ドイツをはじめ、高齢者の人口が非常に多い国ももちろんある。それでも、全体としてみれば、歴史上もっとも多い数の若者がこの地球に暮らしている。この数字を見ただけでも、世界の未来が、文字どおり子どもたちの手の中にあることがわかる。

人類は今後数十年のうちに大きな課題に直面するだろう。若い世代の人も、いや、若い世代の人々こそが、その影響を受けることになる。「二一世紀における人類最大の課題は、私たちの地球を破壊から守ることだ」と旧ソビエト連邦大統領ミハイル・ゴルバチョフは言った。気候変動、人口増加、環境汚染、戦争、飢餓といった、私たちが直面している問題のほぼすべては人間が引き起こしたものだ。とても深刻な問題だが、少なくとも変えるチャンスはある。

私たちは、自分の暮らす世界とこれまで以上にうまく付き合っていかなければならない。解決策は、もしかしたら見つかるかもしれない。あらゆる国で、政府、科学者、企業、活動家、グリーンピースやアムネスティ・インターナショナルなどの非政府組織（NGO）、そして献身的な人々が、人類にとっての持続可能な発展の仕方を模索している。持続可能というのは、それぞれの世代が努力して、地球をよい状態で次の世代に引き継ぐことだ。自分たちが受け継いだときよりも悪い状態にしてはならない。

子どもや若者にはこれから長い人生がある。その長い人生を、できるだけ恵まれた状況で暮らしたいとみなが願っている。恵まれた生活環境というのは当たり前のものではない。だからこそ、この地球を守り、万人に公平な機会が与えられるよう努力する人が増えているのは、とてもすばらしいことだ。そうしたなかには若者もたくさんいる。社会に働きかけることで世界的に有名になった人もいる。二〇一四年には、弱冠一七歳のマララ・ユスフザイさんがノーベル平和賞を受賞した。マララさんは、パキスタンで女子も男子と同じように教育を受けられるよう、命がけで奮闘している。

本書のあとがきを書いてくれたドイツのバイエルン出身のフェリックス・フィンクバイナー君は、二〇〇六年、小学校四年生のときに、環境イニシアティブ「プラント・フォー・ザ・プラネット」を立ち上げた。現在一七歳［二〇一四年当時］のフェリックス君とその仲間たちの目標は、世界のあらゆる国々にそれぞれ一〇〇万本以上の木を植えることだ。こうして植えた木々に大気中の二酸化炭素をできるだけたくさん吸収してもらい、地球温暖化を食い止めようというのだ。これまでにおよそ一四〇億本の木が植えられた。この驚くべき数字は、子どもであってもとても大きなことが実現できることを物語っている。

私自身、ジャーナリストとなり国際協力の橋渡し役として、こんなふうに世界のために何かをしたいとはっきりわかるまでにかなりの時間がかかった。私が南アフリカとニューヨークの国連で働きはじめたときにはすでに三〇代半ばだった。国連は、第二次世界大戦後、戦争を防ぎ、国際協力を進めていこうと、世界の多くの国々の連携によって設立された組織だ。加盟国は一九三カ国。そこでは、あらゆる文化や宗教的背景をもつ人々が出会う。彼らはさまざまな言語を話し、世界のありかたについてそれぞれ異なる考えをもっている。国連の委員会が決定を下すのにとても長い時間がかかるのには、そうした理由もある。文化がちがえばものごとの見方が異なり、相手の言語や行動が理解できなければ、共通の解決策を見いだすのはとても困難なことなのだ。

　こうした経験から私は考えるようになった。これから重要な役割をになう若い世代が文化や世界観のちがいを乗り越え、地球の維持に向けて共通の解決策を生み出すにはどんな準備をすればよいのだろう？　どうすればうまくいくかを誰かが教えなければならない。誰かが道を示さなければならない。

　かつては、若い世代のための「道しるべ」がいた。地域によっては、今もなおそうした役割の人がいる。物知りの大人、長老と呼ばれる者たちが、部族の若者を木の下や火の周りに集め、自分たちの体験や経験を語るのだ。将来に向けて大切なことを伝え、危険を警告し、励ましの言葉をかける。今の私たちの時代にも、そんな賢明な助言者が近くにいてくれたらすてきではないだろうか？　将来の大きな疑問に対する答えをもっていて、兄弟げんかや学校でのストレスといった日常的な悩みを解決する方法も知っている誰かがいてくれたら。

万人の長老

とびきり賢明な人は現に存在する。世界中の多くの人々にとって、全人類の「長老」である人、それがダライ・ラマだ。「智慧《ちえ》」という言葉を称号にもつだけでなく（「ダライ・ラマ」は「智慧の大海」をあらわすといわれるが、実際には「〔智慧の〕大海のごとき師」という意味だ）、「存命するもっとも賢明な人は誰か？」との問いにつねに選ばれる人物でもある。ドイツ人の四〇パーセント以上が、お手本になる人物としてダライ・ラマの名を挙げている。世界中の仏教徒の指導者であり、文化と宗教を橋渡しするもっとも偉大な人とみなされている。

ダライ・ラマは、これまで五〇カ国以上を訪れた旅のなかで、そして政治家や宗教指導者との会合で、世界の紛争だけでなく、気候や環境にかかわる多くの問題の平和的解決を訴えている。ダライ・ラマのもっとも重要なメッセージは、「慈悲や思いやりなどの人間的価値はいかに重要か」というものだ。

ダライ・ラマは、旅のあいだ、いつも大きな注目を集め、多くの人々の共感を呼ぶ。これは、ダライ・ラマの魅力と心の温かさによるものだ。その生まれもったやさしさや、あふれるユーモアは人々を元気づける。そして、膨大な知識と明晰な思考にくわえ、自分自身や自分の信仰をも客観的に見ることのできる能力は、人々に強い感銘を与えている。彼は毎年、何週間も世界各地を訪れ、要望に応じて伝統的な仏典を解説したり、「豊かな」暮らしに関する講演を行なったりしている。

人生の智慧をもつこの世界的な「スーパースター」は、きっととても忙しくて、子どもや若者をかまっている時間などないだろうと思うかもしれない。たしかにとても忙しい人だ。それでも、ダライ・ラマはつねに若い世代のことを気にかけているので、むしろ多くの時間をそのために費やしている。「自分の存在は小さすぎて何かに影響を与えることなどできない、そう思っているなら、蚊と一緒に眠ってみなさい」と彼はたびたび口にする。そして、若い世代が将来の試練に向けて準備をすることに大きな関心をよせている。若者たちの問題について知り、若者がそれぞれのビジョンをもとに世界をもっと幸せで平和で思いやりのある場所にしようと積極的に協力しあうのを支援したいと考えている。この地球に対する「地球市民」の普遍的な責任感を若い人たちに伝えることを、ダライ・ラマはとても重んじている。

「話し方がまったく違うの」

伝統的な部族の長老とは異なり、この「世界的な長老」は、若者たちを木の下に集めたりはしない。もしそうできれば、きっととても楽しいだろうけれど。ダライ・ラマは世界中の学校や大学を訪れ、ときには五〇〇〇人もの若者が集う大ホールで講演を行なう。若者たちは歓声をあげ、黄色と紅色の僧衣をまとったチベットの僧侶をスターのように迎える。「ダライ・ラマって格好いい」（ワッシャ）、「ものすごく信頼できる」（ルーチー）、「すばらしいお手本」で「とてもユーモアがあって落ち着いていて、神聖で賢い人に思えた」（ニーレ）というのが、ダライ・ラマを実際に目にしたティーンエイジャーの感想だ。

ダライ・ラマには、ちょっと会っただけでも心の温かさや思いやりが伝わるという特別な才能がある。対面した若者もそれを感じるようだ。「ダライ・ラマは、私たちが知っている大人とは話し方がまったく違うの。見下すような感じじゃない」と一五歳のソーニャは自身の体験を語った。ほかにも、アヌアーという生徒は、「ダライ・ラマがすっかりくつろいでいたので、リラックスした心地よい雰囲気になった」と言い、同級生のユリカは、「ダライ・ラマの笑いは本当に伝染するの。近くにいると、とても幸せな気持ちになれる」と断言している。

ダライ・ラマは若い人たちに向かって、どのように紛争や戦争が起こるのかを説明する。他人とよい関係を保つために、また、自然をはじめとする万物と調和して生きるために、一人一人に何ができるかについて話をする。若者だけでなくすべての人間にとって、未来を積極的に形づくる手がかりとなる普遍的価値について、むずかしいけれども理解しやすいメッセージを若い世代に伝える。それが終わると、生徒たちはダライ・ラマになんでも質問することができ、「世界平和」、「国民国家」、「怒りの処理」、「富の公平な分配」、「死の不安」といったテーマについて話し合う。

とはいえ子どもたちは、法王はピーナッツバターが好きか、携帯電話を持っているかといったことも気になる。質問を聞いていると、若者たちが聡明で、将来の問題（と可能な解決策）を理解していることがわかる。冗談を言っても大丈夫だと子どもたちが心得ていることがわかる質問もある。ダライ・ラマは、ドイツの若者たちに深い感銘を受けている。ドイツでのイベントのあと、みんながとても快活で、しっかり物事を考えていると感心していた。

すべての若者がダライ・ラマと会って、直接質問できたらすばらしいのだけど、残念ながらそうもいかないので、ダライ・ラマと子どもや若者たちとの対話のいくつかを本書に掲載できるのはとてもありがたいことだ。若い読者のみなさんに、本書で紹介したダライ・ラマとのやり取りを楽しんでもらえればうれしい。本書を通じて若いみなさんがダライ・ラマの偉大な智慧と慈悲に親しむことを、そして、未来へと続く道で本書がみなさんの支えとなることを私は願っている。

仏教の智慧は、「宝を示す者のごとく賢者に従いなさい」と教えている。

正しい？　それとも間違い？

「世界的な長老」の活動の中心にあるのは、さまざまな民族や宗教間の協調だ。ダライ・ラマはこう言っている。「私は宗教家です。けれども、宗教だけでは、私たちがかかえる問題のすべてを解決することはできません」。ここ数年、ダライ・ラマは宗教を超えて世俗の倫理を高めようと力を尽くし、なぜ私たちが共通の価値観をもつ必要があるのか、なぜ世界的な責任を負っているのかをくり返し強調している。

「倫理」を意味するドイツ語のEthikという言葉はギリシャ語に由来し、もともと「道義（Sitte）」、「習慣（Gewohnheit）」、「慣習（Brauch）」といった意味をもっている。「道義（Sitte）」や「道義的（sittlich）」という言葉は、現在ではほとんど使われていない。人差し指を立てて人を諭すような響きがこの言葉にはある。それにもかかわらず、今の時代にこれに取り組む意味があるのはなぜなのだろう。たしかに、今では私たちは「道義」という概念をあまり使わないが、結局のところ、二〇〇〇年前、三〇

○○年前から問題は変わっていないのだ。
人類はこの世にあらわれたときから、どんな行ないが正しく、どんな行ないが間違っているのか、何が正当で何が不当なのか、何がよくて何が悪いのかを定義しようとしてきた。「何をすべきで、何をしてはならないか」、「豊かな暮らしとはどのようなものか」、「私たちはいかに共生できるか」といったことを、人間はいつも考えてきた。

「正しい」行ないについての問いかけに対する答えは、それぞれの集団がその事柄をどのように判断するか、つまり、その集団の道義や慣習によって異なる。だから、「倫理」は、道義的な価値観や行動の科学とも呼ばれる。「倫理」が示しているのは、正しい行ないの許容範囲である。倫理も道徳も、規則を守るよう説くものでもなければ、決して無理強いするものでもない。

ダライ・ラマは、倫理の意味をこのように述べている。「〝こうすれば自分も隣人も幸福になれる〟と判断し行動するよう自制心を支えるもの、それが倫理だと考えてよいでしょう」。つまり倫理の指針は、そのときどきの状況において、どんな「よい」行ない、または「正しい」行ないがありえるかを示す手引きとなる。そのなかで、どの行ないを選ぶかを決めるのはその人自身だ。だから、倫理のことがわかっていれば、人差し指を立てる必要はない。

それぞれの国にそれぞれの道義

そもそも、何が「よく」て、何が「悪い」かを知るのが大切なのはなぜだろう？誰でもやりたいことをすればよいではないか？　いや、人間には、調和して平和に共生するための共通のルールが必要だ。そうしないと、大混乱に陥ってしまう。どの家庭でも、信頼や正直さについて、そしておたがいに尊重し合うことについて話し合っている。学校やスポーツ団や職場で、あるいはひとつの国の国民として大きな集団をつくるときも、気持ちよくスムーズに協力できるよう、同じように倫理的な原則を定める。

文化や宗教が異なる人たちが一堂に会すると、価値観を一致させるのは大変だ。「善と悪」あるいは「道徳と不道徳」に対する考えは、国や文化圏ごとに大きく異なる。たとえば現在の西洋社会では、女性がズボンをはく習慣がある。ただ、ずっと昔からそうだったわけではない。ほんの一〇〇年ほど前、ヨーロッパでは、ズボンの前身である一種の「ズボン型ワンピース」をはく女性は非難されていた。たとえばアフガニスタンなどの国やトルコの一部の地域では、現在でも女性がズボンをはくのは不道徳なことと考えられている。いくつかのイスラム国家では、女性は体や顔をブルカと呼ばれるヴェールでおおいかくさなければならない。

服装のような些細なことですら価値観が分かれるのなら、「どの経済制度や金融制度が正しいか」、「自然や天然資源をどのように取り扱うべきか」、「どうしたら、それぞれが個人の自由や信教の自由をうまく実現できるか」といった大きなテーマに関して意見を一致させるのはどんなに難しいことだろうか。

価値観をめぐる争いや、「善と悪」、「正と誤」についての考え方の違いから、戦争やテロなどの暴力的な衝突がますます増え、問題はどんどん悪化してきている。自分の道徳観念のみが正しいと信じ込んでいる人はとてもたくさんいる。なかには、暴力でそれを押し通すことをためらわない人もいる。ネットワーク化がますます進み、互いに依存する世界において、これはとても危険で、みんなにとっての脅威となりかねない。

爆発を待つ

二一世紀の中心となるテーマは、次のようにあらわすことができる。「私たちの星、地球にあまり負担をかけないようにするとしたら、できる限りすべての人々にとってのよい暮らしとはどのようなものだろうか」。よい暮らし、あるいは正しい暮らしについての問いかけは、こんにちのグローバル化した世界において、そうたやすく答えることはできない。現在私たちが行動や思考の指針としているのは、個々の集団がつねに自分たちの利益のためだけに戦っているような、あまりに古く時代遅れの世界観だ。「手にスマートフォンをもって、頭の中が青銅器時代ではどうにもならない」と現代の哲学者ミヒャエル・シュミット゠ザロモンは言っている。

残念なことに、とりわけ欧米には、ほかの国々を犠牲にして自国の欲求を満たし、他国に負担を押しつけている国もある。たとえば、アメリカの人口は世界の総人口の五パーセントにすぎないのに、アメリカ人は、全世界で利用できる石油などの化石燃料の二五パーセントを消費し、全世界で発生する有毒廃棄物の七五パーセントを排出している。ほかの欧米諸国についても、こうした数字がさほどましというわけではない。だからダライ・ラマは、共通の考え方や行動がいかに早急に必要であるかを説明するために、よくこんな比喩を用いる。

「月と星はとても美しく輝いて見えます。けれども、そこで生きていかなければならないとしたら、うまくはいかないでしょう。この私たちの青い地球は、私たちが知るなかでもっともすばらしい生活圏です。地球の命は私たちの命です。地球の未来は私たちの未来です。地球が感覚をもつ生き物だとは思っていませんが、地球は実際に私たちの母のようであり、私たちは子どものように地球に頼りきっています。母なる自然は、私たちに協力するよう呼びかけています。温室効果やオゾン層の破壊といった世界的な問題に直面して、それぞれの国はなすすべもありません。私たちみんなが協力しなければ、解決策は見つからないでしょう。地球という母親は私たちに、普遍的責任について教えてくれているのです」

「以前は」と、ダライ・ラマは言う。無私や、他人の幸せに対する責任といった価値観が認められていたが、それが有用か必要かといったことは考えられていなかった。

今では、あっという間に世界中とつながるため、はるか遠くで起きていることでも簡単に最新情報が手に入る。そのため、そうしたことがずっと身近に感じられるし、じっさいに身近になっている。

何が「正しく」て、何が「誤り」かという太古からの問題を、二一世紀の人々は待ったなしで突きつけられている。人類が生き残れるかどうかは、こうした問いに正しい回答を見つけられるか否かにかかっているのかもしれない。「世界に好ましい変化を起こさなければ、火山のふもとで爆発が起こるのをじっと待つことになるでしょう。爆発してしまえば、次の時代に足を踏み入れることになるかもしれません」。長老はそう警告している。

ともによりよい世界に向けて

ダライ・ラマをはじめ多くの人々は、すべての人が共通の利益と価値観に向かって進まなければ、世界的な協力は成功しないと考えている。

環境イニシアティブ「プラント・フォー・ザ・プラネット」の創設者で、現在一七歳［二〇一四年現在］のフェリックス・フィンクバイナー君は、若い世代におけるこうした意識を代表している。ノーベル平和賞受賞者であり、（映画「不都合な真実」で）オスカー賞を獲得した元アメリカ合衆国副大統領アル・ゴアは、著書『未来を語る』の中で、「国際社会は、人間の心の奥底にある価値観にもとづいたリーダーシップを強く必要としている」と述べている。スイスの神学者ハンス・キュングは、同じく長年「地球倫理」を提唱し、文化や宗教のちがいを超えた理解や協力に力を注いでいる。地球倫理への宣言は、一九九三年に世界宗教会議で採択された。これに最初に署名したのがダライ・ラマだ。

そんなふうに広く受け入れられている世界秩序はたしかに理想的だけど、残念ながら非現実的だと人々は思っているかもしれない。そうはいっても、世界のあちこちでたくさんの暴力的な紛争や戦争が起こっているじゃないか、と。けれども、ダライ・ラマが示すほうへ目をやれば、文化や宗教を超えた指針や規則が、すでにおどろくほどたくさんあることがわかる。

そのよい例が、いわゆる相互性の倫理で、黄金律とも呼ばれる。「自分がされたくないことは、人にしない」という言葉は誰でも知っているのではないだろうか。この黄金律を肯定的に言いかえると、「自分がしてもらいたいと思うように、人にしてあげる」となる。これはたとえば、自分自身、腹が立つことをされると気分がよくないのだから、同級生を怒らせるようなことはしない、ということだ。もっとよいのは、同級生に親切にしてあげること。誰でもみな、親切で友好的に接してもらいたいと思っている。ということは、私たち自身も他人に親切にすべきなのだ。

偉大な哲学者イマヌエル・カントは、一八世紀に、のちに有名になる「定言命法」を書いたとき、これとよく似たことを言っている。「あなたの意志の格率が、つねに同時に普遍的な法則となるように行為せよ」

とても興味深いことに、この相互性の倫理は、あらゆる大きな世界宗教の大昔の聖典にも記されている。

キリスト教ではこのようにいわれている。「人々からしてもらいたいと思うことはすべて、あなたがたも人にしなさい」（新約聖書マタイによる福音書七章一二節、ルカによる福音書六章三一節）

イスラム教の言葉も、これにとてもよく似ている。「自分自身を愛するように兄弟

を愛すまでは、誰一人信者ということはできない」(アンナワウィーによる四〇のハディース第一三の伝承)

仏教にはこんな言葉がある。「自分にとって心地よくない、あるいは不愉快な状況を、どうして他人に強いることができようか」(相応部経典第五集)

そしてユダヤ教にも、とても似た言葉がある。「あなたにとって憎むべきことをあなたの仲間に行なってはならない」(タルムード シャバット篇、ラビ・ヒレル31a)

最後に、ヒンドゥー教では、智慧を説いている。「自分自身にとって不愉快なふるまいを、他人に対して行なってはならない。これが道徳の本質である」(マハーバーラタ 第一三巻)

ダライ・ラマは、さまざまな世界宗教のあいだで大きな一致がみられることについて、こう述べている。「すべての宗教の核心はひとつ」。ダライ・ラマにとって、これは「哲学的な意見がどれほどちがっていようと、あらゆる精神的伝統のあいだに調和を生み出す」ための基本なのだ。ダライ・ラマも、宗教が人間の幸福のために責任を負い、「戦争と紛争に対し共同戦線をはる」ことを望んでいる。

ダライ・ラマのフェイスブック

ダライ・ラマは、地球倫理という目標に向かって、たゆまず歩みを進めている。ダライ・ラマの訪問やメッセージはメディアで、そしてインターネットでも大きく伝えられる。ダライ・ラマのフェイスブックはおよそ四四〇〇万人の「いいね！」を獲得し、ツイッターのフォロワーは五二〇〇万人にものぼる。アメリカのあるニュースサイトはダライ・ラマのことを、世界的に有名な「ツイッター界のロックスター」と表現している。ダライ・ラマは少し前にフェイスブックにこんな投稿をした。

「愛、思いやり、忍耐、寛容、許しに重きをおく世界の大宗教は、内面的価値を高めることができ、たしかに高めています。けれども、宗教の倫理的な素地が十分でなくなってしまっているというのが、現代社会の現実です。ですから私は、今こそ、あらゆる宗教を超えた精神性と倫理観に対する考え方を見つけるべきだと、ますます強く確信しているのです」

ダライ・ラマの名跡

これまで、ダライ・ラマをはじめ多くの人々が伝える倫理観や共通の価値観について見てきた。ダライ・ラマとその経歴についてもっと知れば、ダライ・ラマの特別なメッセージがより深く理解できるだろう。ダライ・ラマは、かつてみずからこう述べている。「私にとって『ダライ・ラマ』とは、私が占めている職務を意味する称号です。私自身はひとりの人間であり、仏教僧であろうとするひとりのチベット人にすぎないと思っています」

「ダライ・ラマ」という称号は、世界で唯一無二のものだ。ダライ・ラマはチベット人の政治的指導者であると同時に、精神的指導者でもある［二〇一一年にダライ・ラマは、政治的指導者の地位を退いている］。つまり、「ダライ・ラマ」という名前なのではなく、ダライ・ラマを務めているのだ。ダライ・ラマという名跡、つまり称号について説明するのは簡単ではない。というのも、ダライ・ラマはたくさんの名前をもっている。子どものときは、両親がつけてくれた「ラモ・トンドゥプ」という名前だった。これは直訳すると、「願いを叶える女神」という意味だ。チベットでは、男の子にこうした名前をつけることは珍しくない。チベットの人名、場所や事物の名称には、情景が目に浮かぶようなものがたくさんある。ラモは僧侶になったときに、「テンジン・ギャツォ」（「智慧の大海」）と名乗った。親しい人は「クンドゥン」（「御前」）と呼ぶ。本書では、幼少時代を「ラモ」という名前で、僧侶やダライ・ラマとなってからは「テンジン・ギャツォ」という名前で記す。

世界の屋根チベット

このたくさんの名前をもつ人はチベットに生まれた。チベットは中央アジアのヒマラヤ地域にある。「世界の屋根」と呼ばれるヒマラヤ山脈には、四五〇〇メートルを超える山々がつらなり、六〇〇〇メートル以上の高峰がいくつもある。チベットはとても広大で、人口密度がきわめて低い国だ。西ヨーロッパほどの広さの土地に、わずか五〇〇万人ほどしか住んでいない。

「風土が魂をつくる」とチベットではいわれている。この地の空は広く、どこの空ともちがっている。地平線があらゆる方向に無限につづいているかのようだ。なるほど、チベット人が自由をとても愛する民族であるというのもうなずける。チベット人は忍耐強く根気強い民族でもある。この地の気候を生き延びるには、そうでなければならない。冬は長く、雪におおわれる。山からは、骨まで凍りそうな氷のように冷たい風が吹きつけ、寒さはとどまることを知らない。

チベット人の大部分は農民で、小さな村で暮らし、穀物を栽培している。高原では家畜の群れが草をはんでいる。町ではほとんどの人が職人として生計を立てているが、最近ではビジネスマンも増えてきた。

チベット人は気さくで、友好的で、とても信心深く、チベットには六〇〇〇以上の僧院が建てられてきた。生活は質素で、生命の自然のリズムと調和している。ダライ・ラマの母ディキ・ツェリンは、チベット人の人生観についてこう述べている。

「私たちは、さしたる注目も歓声も受けずに生まれ、若者になり、結婚し、子どもをもうけ、死んでいきます。人間は特別な存在ではなく、命は何か自然なものだと当たり前のように考え、輪廻の中を単純に生きています」

外国の統治下に

これまでに大部分の僧院が破壊された。今では、チベットの首都ラサにはチベット人より中国人が多く住んでいる。さらに二〇〇〇万人を超える中国人が、この「世界の屋根」に移住してくることになっている。ダライ・ラマはもうチベットには住んでいない。ほかの何十万人のチベット人と同じように、インドに住んでいる。一九五〇年代末以降、ダライ・ラマは亡命先から、「失われた王国」チベットを気にかけている。

何が起こったのだろうか。世界の屋根にあるチベット人の国は、どうして失われたのか？　二〇世紀中頃、当時の中国共産党指導者の毛沢東は、建国が宣言されたばかりだった中華人民共和国の国家目標に、「チベットの平和的解放」と「祖国の再統一」を掲げた。そして、中国軍がチベットに侵攻してきた。毛沢東がチベットを手に入れようとしたのには、いくつかの理由があった。まず、隣国インドに対する山岳の防壁として、そして、核兵器の基地として、原料供給地として、さらには中国人移住者のための生活圏として、チベットが必要だったのだ。

ほとんど一晩のうちに、チベットのいたるところで、中国の軍用車と中国人兵士が見られるようになった。不穏な空気がただよっていた。あらたな独裁者は、容赦ない残酷さと暴力でチベットを統治した。多くのチベット人の財産が没収され、土地改革が行なわれた。ありとあらゆる不条理な規則があらたにつくられた。薪を集めるにも、許可をもらわなければならなかった。別の土地に住む親戚を訪ねるのに、一二もの署名が必要だった。

チベット人にとってもっともつらかったのは、信教の自由を奪われたことだ。僧侶と尼僧は迫害されて殺され、僧院は取りあげられたうえに爆撃された。中国人兵士は、チベットの仏典をトイレットペーパーとして使った。毛沢東は、かつてのチベットとその宗教を完全に消し去ろうとしたのだ。ダライ・ラマの名前を口にすることや、写真を所有することが禁じられた。これを破ったものは、投獄され、舌を切り取られた。

中国のチベット侵攻から一年弱の間に、首都ラサの周辺でおよそ八万七〇〇〇人が殺された。チベット亡命政府は、合計一二〇万人以上が命を落としたと見積もっている。「私たちはこの世のあらゆる恐怖を経験した。自分たちの土地で」。ダライ・ラマは、チベット民族のつらい経験をふりかえってそう述べている。チベットの指導者ダライ・ラマは、このとき、チベットにとどまることは現実的に無理だと判断し、インドに亡命した。一九五九年の春、二四歳のときだった。

亡国の民から世界市民へ

それ以来、ダライ・ラマはインドから中国との紛争の平和的解決策に力を注いでいる。非暴力をつらぬく姿勢が評価され、一九八九年にはノーベル平和賞を受賞した。また、自分と同じように亡命生活を送るチベット人を気にかけている。世界各地を訪れ、チベット人の願いに対する国際的な支援を得ようとしている。チベット人は、ひとつの国家として中国から独立することを要求しているわけではない。何年ものあいだ、ダライ・ラマとチベット亡命政府は、独立と現状の「中間」路線を支持している。中華人民共和国憲法の枠組みのなかで、チベットの真の民族自治と地方自治を求めている。これは、まず何より文化、宗教、環境に関して、さらに教育制度について、チベット人が自分たちで決定できるようにする自決権である。

ダライ・ラマは消極的抵抗というやり方で、少なくともいくつかは目的を達成している。ダライ・ラマをはじめチベット民族は、世界中で大きな共感を呼んでいる。けれども、これまでに亡命政府を正式に承認した国はない。ダライ・ラマはあきらめず、世界各地で宗教指導者や政治家と会い、どうしたらチベットと中国のあいだで平和を実現できるかについて話し合っている。なかには、ダライ・ラマとの会談を断る国家元首もいる。このチベットの指導者は、その人気ゆえ、中国政府にとって目の上のたんこぶなのだ。ダライ・ラマを歓迎するときには、中国当局者の怒りを買う覚悟が必要だ。中国は強大な国なので、チベット人の精神的指導者を歓迎するのをためらう政治家は少なくない。

ダライ・ラマになるには

ダライ・ラマは、伝統的に、チベットの国の指導者であるだけでなく、チベットの仏教徒の精神的指導者でもある。現在、仏教徒はチベットのみならず世界中にいる。仏教は信仰のひとつで、チベットのほか、タイ、スリランカ、韓国、中国、日本に広まっている。北アメリカやヨーロッパでも仏教を信仰する人は増えつづけ、その数はあわせて五億人になる。多くの仏教徒にとって、ダライ・ラマは偉大な手本となっている（仏教については八〇頁以降で詳しく説明する）。

ダライ・ラマという称号には、どんな大変な使命や任務があるのだろうか。ダライ・ラマは最近まで一国の指導者だった。その国の文化には壊滅の危機がせまっているものの、ダライ・ラマはさまざまな文化圏に住む五億人の仏教徒から、精神的指導者とみなされている。これは不可能に近い使命だ。チベット人が神のような存在とみなしている「神王」にとっても。

ダライ・ラマは、自国の発展のために、政治的統治と精神的統治は別々の手にゆだねたほうがよいと考えている。そのためダライ・ラマは、亡命中にチベット社会の民主化を進めた。インドのダラムサラに、議会や内閣などの民主主義的な制度をそなえた亡命政府を樹立したのだ。二〇〇一年七月にダライ・ラマはみずからの権力を縮小し、亡命チベット人は、初代首相にサムドン・リンポチェ教授を選出した。

二〇一一年春に、ダライ・ラマは亡命政府におけるすべての政治的要職からしりぞき、政治の行方を民主主義的な制度に完全にゆだねた。それ以来、すっかり「引退」し、みずから新しい地位を名乗っている。もっとも、これは政治的権限だけのことであり、ダライ・ラマは今なおチベット人の精神的指導者としての地位にある。

我こそが適任だと思った人が誰でもダライ・ラマという地位に志願できるわけではない。ダライ・ラマになるには、選ばれるのでも指名されるのでもなく、そのように生まれてこなければならない。ダライ・ラマとは、たとえばヨーロッパの王室などのように王や神王の息子として生まれ、王が亡くなったあとにその位を引き継ぐと思っている人もいるかもしれない。だがチベット人は、これとは異なるやりかたでダライ・ラマを決める。特別な「選抜試験」で探すのだ。

ダライ・ラマが世界中で共感を呼ぶ大きな理由は、そのふつうでない子ども時代にある。農家に生まれ、気がついたらいきなり数千もの部屋がある宮殿にいた男の子の運命に惹きつけられる人は少なくない。その男の子がわずか一五歳で国を統治しなければならなくなった矢先に、中国軍が侵攻してきた。若くしてこの困難を克服したことで、ダライ・ラマはとりわけ若い世代にとってかけがえのない助言者となっている。

次の章では、ダライ・ラマの生い立ちからこれまでについてお話しする。獅子の玉座についた男の子の運命に、多くの人がきっと感動し、心を打たれることだろう。

［2］獅子の玉座に座る男の子

悟りを開いた存在が戻ってくる

ダライ・ラマの物語は、彼が生まれる前にさかのぼる。どうしてそれが可能なのか。ダライ・ラマはチベット人が深く敬愛するチェンレーシ（慈悲《じひ》の観音菩薩《かんのんぼさつ》）の化身《けしん》であり、人々を救済するために人間として何度も現世に生まれ変わってくると信じられている。菩薩《ぼさつ》とは、解脱《げだつ》して涅槃《ねはん》に入ることができるにもかかわらず、人々を助けるためにみずからふたたびこの世に生まれることを選んだ人のことだ。

仏教の教えによれば、すべての生きとし生けるものは、涅槃の境地にいたるまで生まれ変わる。悟りを開いたものだけが、二度と生まれ変わらず、苦痛から抜け出すことができる。だが、「澄んだ瞳で見つめる」菩薩チェンレーシは、あえて解脱をしなかった。そして、現世の苦しみを見つめ、やわらげようとした。思いやり深いチェンレーシは、ダライ・ラマの姿となってくり返しチベット人の前にあらわれる。ダライ・ラマはそれぞれ、先代がなしとげられなかった使命を引き継ぐ。先代のダライ・ラマが、その死の瞬間に放った一本の糸を、次代のダライ・ラマがいわば受けとるのだ。

ダライ・ラマ一三世の予言

現在のダライ・ラマ、つまり長きにわたるチベットの指導者の第一四代目は、ことさら困難な状況でこの糸を受けとった。中国の侵攻が間近にせまっていたのだ。ダライ・ラマ一三世トゥプテン・ギャツォは、死の前に、チベットと自分の後任にこの大きな試練が近づいているのを見てとり、こう予見した。

「このチベットの中心では、宗教と世俗政治が内からも外からも攻撃を受けることになるかもしれない。僧院や僧侶は、土地や財産をうばわれてしまうだろう。すべてのものが大きな苦難とてつもない恐怖にさらされ、昼も夜も苦悩のなかをゆっくり進んでゆくだろう」

馬の州

一九三五年七月六日の夜明け前にチベット東北部の「馬の州」アムド地方で生まれた男の子の家族は、何ひとつ予感していなかった。彼らはわずかな土地をもつ小農で、この地方でよく見られる石と泥でつくられた家に住んでいた。部屋は六つあったが、いちばん居心地がよかったのが台所だった。台所には大きなかまどがあり、暖かかったからだ。子どもたちの部屋はなかった。赤ん坊のときは母親といっしょに眠り、少し大きくなってからは、台所のかまどの横で寝ていた。家にはごくわずかな家具しかなかった。椅子もベッドもなく、大人は両親の寝室と客間にある少し高くなった寝台で眠っていた。父親の両親もいっしょに住む大家族だった。

ダライ・ラマの母は義理の母のことを、「誰でもこき使い、何ひとつ、誰ひとり怖いものがない暴君」と語っている。嫁としての生活はけっしてたやすいものではなかった。一生懸命に働かなければならず、結婚後数年は、毎晩三、四時間の睡眠をとるのがやっとだった。夫はあまり手伝ってくれなかった。

「素直で正直なのですが、短気で支配欲の強い人でした。そのうえ、賭けごとに熱中していつも遊んでいて、とりわけ駿馬に乗るのが好きでした。義母と同じように、指一本動かそうとしませんでした。しょっちゅうどこかに出かけていて、自分の畑に何の種がまかれているのかもほとんど知りませんでした」

ダライ・ラマの母は夫のことを思い起こして、そう語っている。家庭の問題は世界の屋根にもあるのだ。

未来のダライ・ラマの家族は、さまざまな穀物とジャガイモを栽培して生計を立てていた。家畜もいた。八〇頭ほどの羊、ヤギ、ヤクのほか、何頭かの馬を家の裏で飼っていた。ヤクは、ヒマラヤ山脈の高地をものともしない特別な牛だ。長くたっぷりとした毛でおおわれているので、寒くて雪の多いチベットの冬にもたえられる。

ラモを出産するまでの数カ月間は、ラモの母にとってとりわけ大変だった。すでに子どもがたくさんいるうえに、父は何カ月間も病気をわずらっていた。そのため母は、父の代わりに家畜や農地の世話をしなければならなかった。男の子が生まれた日に、これといった理由もなくいきなり父のぐあいがよくなった。起き上がれるまでになったのだ。両親は新しい家族が元気に産まれてきたことをとてもよろこんだ。というのも、チベットの乳幼児死亡率はとても高く、それまでに四人の子どもがすでに亡くなっていたからだ。すぐに母は、その子のようすがほかの子どもたちとはちがっていることに気づいた。「生まれたときから、ふつうでない子どもでした」と回想している。

ラモは内向的で、家にいるのが好きだった。お気に入りの遊びのひとつが、おもちゃや衣服を袋につめこむことだった。どうしてそんなことをするのかと両親がたずねると、「ラサに行くんだ、家族みんなも連れて行くからね」とはっきりと答えたという。ラサはチベットの聖都で、アムド州からは二〇〇〇キロほど離れたところにあった。また男の子は、大きな家の絵も描いていた。男の子が見たこともないような大きな家で、いつか家族でこんな家に住むよとほこらしげに言っていた。自分は天からこの家にやってきたと信じ込んでいたのには、両親もすっかり驚いてしまった。

幸運な子ども

チベットの未来の守護者は、二歳半になるまで、同じ村のほかの子どもたちと同じように生活していた。このころが、ダライ・ラマが平凡な人間のように感じることのできた唯一の時期だった。このときは、ラモも家族も、どんな大きな責任と試練が待ち受けているのかに気づいていなかった。ダライ・ラマは当時をふりかえり、このときが人生でいちばん幸せだったと述べている。

村には電気が通っていなかった。そのため、小さなラモの家族の一日は明け方に始まる。子どもたちは日がのぼると起き、すぐに着替えなければならなかった。それから、一日の始まりに朝のお祈りと儀式を行なった。朝食はお茶とツァンパ、そして大麦などの穀物のおかゆ。男の子は、草むしりや水くみ、たきぎ集めといった簡単な仕事をまかされていた。ラモのお気に入りの仕事のひとつは、鶏小屋で卵をさがすことだった。よく巣箱の中に入り込み、めんどりといっしょにしゃがんで、コッコッと鳴きまねをして楽しんでいた。

　こうした仕事が終わったら、村の周辺を探索しにいくことが許された。世界の屋根は子どもたちの遊び場となった。息をのむようなヒマラヤ山脈を背に、夏には澄んだ小川でバシャバシャと水遊びをしたり、牛飼いや羊飼いのおともをして動物たちと野山をぶらぶら歩いたりした。しんとした平和な山の中で、唯一にぎやかな音といえば、ヤクの群れを集める村人たちの歌声だけだった。ヤクは歌を聞くのが好きなのだ。寒さがきびしく雪が降る冬には、子どもたちはかまどの火の近くに集まり、祖父母にお話を聞かせてもらい、夜はあたたかい羊の毛皮を何枚もかけて眠った。

　小さなラモには兄姉が四人いた。姉ツェリン・ドルマは、ラモが生まれたときにはすでに一八歳だったので、母を手伝って家事をしていた。三人の兄のうち二人は、すでに家を出て生活していた。一人はクンブム僧院で修行し、もう一人は隣村の学校に行っていた。三つ年上の兄ロブサン・サムデンだけが、ラモの遊び相手になってくれた。この兄は冗談がとてもじょうずだったとダライ・ラマは言っている。けれども二人はたびたび、というよりほとんどいつもけんかしていた。ふつうの男の子たちと同じように、けががたえなかった。兄にはこうした取っ組み合いのきずあとが何年も残っていたと、ダライ・ラマはあるインタビューで打ち明けている。

秘密の任務を負った訪問者

村の子どもとしての楽しい時代は、ラモが三歳になるかならないかのときに、突然何の前ぶれもなく終わりを告げた。雪におおわれた冬の朝、何人かの見慣れない人たちが馬でタクツェル村にやってきた。彼らはふつうの旅人のように見えたが、秘密の任務を負って旅をしていた。一九三三年にダライ・ラマ一三世が死去したあと、ダライ・ラマの一四代目の化身を探すべく、いくつもの捜索隊が送り出された。

次期ダライ・ラマを見つけることは、そのあいだに政府の職務を引き継いだ暫定政府のもっとも重要でもっとも困難な任務だった。あらたなダライ・ラマが統治を行なうには、まず、見つかった子どもが、少し前に亡くなったチベットの指導者の生まれ変わりだと確定されなければならない。広大で人口の少ない国でのこの捜索は、ことわざにあるように、まさに干し草の中から針を探しだすようなものだった。

ダライ・ラマの一四代目の化身の捜索は、馬に乗った一行が、小さなラモの生まれた村にたどりつくまでに、すでに二年もかかっていた。捜索隊はいくつもの兆候に導かれてやってきた。ダライ・ラマ一三世の死後、政府は、亡くなったダライ・ラマ一三世の特徴、つまり、目が細長く、耳が大きく、手のひらに貝殻模様があり、脚に虎のようなしま模様がある赤ちゃんを探すよう州当局に指示した。国の三人の神託官《しんたく》によって、アムドが位置する北東地域が、捜索範囲として有望であることがわかった。この地域でよく見られる雲の形や植物のある光景が託宣《たくせん》にふくまれていたからだ。ある託宣者は、変わった色をした屋根と、まがった木でできた雨どいを幻影の中に「視《み》て」いた。

この託宣が決め手となり、捜索隊はラモの家の扉をたたいた。その家には、託宣者が描写したのと同じ奇妙な雨どいがあったのだ。彼らは旅の一行と称し、一晩泊めてくれるよう頼んだ。七五〇〇人の僧侶をかかえる有名なセラ僧院の僧院長であった捜索隊のリーダーは、召使いに変装していた。小さなラモは、客人にパンやお茶を運ぶよう台所に呼ばれた。「召使い」はラモのあとについていき、いっしょに遊びはじめた。ラモは召使いのひざの上によじのぼると、この見知らぬ人が首からさげている数《じゅ》珠《ず》にことさら興味を示し、それをほしがった。

私が誰か当てられたらこれをあげよう、と召使いはいった。ラモはその人を見たことがなかった。少なくとも今の人生では。それなのに、ラモはちゃんと「セラ・ラマ」と答えた。「セラ・ラマ」とは、「セラ僧院の僧侶」という意味だ。変装していたにもかかわらず、その人が誰なのかわかったのだ。そのうえ、数珠にとても関心を示した。それはダライ・ラマ一三世の数珠だった。そこで旅人たちはラモの両親に正体を明かし、訪問の目的を告げた。夫婦はとてもよろこんだ。小さな息子をもつ母親たちの多くは、捜索隊が自分の家にやってくることをひそかに願っていたのだった。

重要な試験

翌日、一行は旅立ったが、数日後に正式な代表団としてふたたびやってきた。一行は、ダライ・ラマ一三世の遺品と、それと似ているけれども一三世の持ち物ではなかったものをいっしょにもってきていた。

小さなラモに試験が行なわれた。この子がほんとうにダライ・ラマの生まれ変わりであれば、先代がもっていたものを覚えているはずだというのだ。そのなかから、男の子の前に二つの黒い数珠がならべられた。そのうちのひとつが一三世のもので、もうひとつは偽物だった。ラモは正しいほうの数珠を指差すと、「これぼくの！　これぼくの！」と声をあげた。ほかの遺品についても同じように本物を選んだ。捜索隊はこの子が生まれ変わりであるとほとんど確信したが、ほかにも候補者がいたため、まずはその子どもたちを試験しなければならなかった。

けれども、ほどなくラモがあらたなダライ・ラマであると認定された。ラモは近くにあるクンブム僧院に送られ、暁にそこでおごそかな儀式がとり行なわれた。日がのぼる前に起こされて着替えさせられたと、ダライ・ラマはこのときのことをふりかえっている。初めて玉座に座らされ、このときから「神王」としての人生が始まったのだ。

お勧めの映画が二本ある。「クンドゥン」は、ダライ・ラマがダライ・ラマ一三世の転生者として見いだされてからチベットを脱出するまでの半生を描いている。「リトル・ブッダ」は、チベットの僧侶の一団がアメリカのシアトルに住むある家族を訪れ、おどろく両親に、その家の息子が高僧の生まれ変わりかもしれないと告げるお話。

ホームシック

ラモはクンブム僧院にいられることを最初はよろこんだ。クンブム僧院には兄のノルブとロブサンもいたので、また会えたのがうれしかったのだ。まもなく、二人の兄とふたたびいっしょにいられる代わりに、ひとつの別れがせまっていることに気づいた。両親がタクツェルにもどり、僧院がラモのめんどうをみることになったのだ。三歳のラモも兄のロブサンも泣いた。ノルブはすでに長く僧院で生活していたので、弟たちをなぐさめようとがんばったが、どうにもできなかった。ラモは両親にうらぎられ、見捨てられたと思い、家につれて帰ってくれるよう兄にせがんだ。

ラモが新しい生活に慣れるまでにはしばらくかかった。クンブムで幸せを感じたことは一度もなかった。ダライ・ラマはのちに自伝で、あのころはとても不幸だったと思い返している。ダライ・ラマであるというのがどういうことなのか理解していなかった。まったくふつうの男の子だったのだから。とはいえ、僧院の生活にも楽しみはあった。二人の兄がいてくれて、とりわけロブサンがいつもいっしょだったこと、そして一人の老僧がやさしくめんどうをみてくれたことだ。この老僧はラモをひざに座らせ、僧衣にくるみこんであたためてくれた。桃をくれることもあった。ダライ・ラマが慈悲を非常に重んじている理由のひとつは、人は慈悲がなければ生きてゆけないということを、幼心に学んだからかもしれない。

ラモはクンブムで待っていた。いったい何を？　チベットの聖都ラサへ旅立つ準備がすべてととのうまでに何カ月もかかったのだ。アムドは当時すでに中国の領土となっていたため、転生者の身代金をめぐって、とりわけ中国人省長と交渉が必要だった。男の子は三歳にして政治に翻弄されていた。

大部隊の出発

一九三九年の夏、ようやくそのときがきた。出発は目前だ。ふたたび両親に会えてラモはうれしくてたまらなかった。両親もいっしょにラサに行くのだ。一行には兄のロブサンとギャロもいた。ノルブはクンブム僧院に残った。

旅の一行は五〇人にもなり、さらに馬とラバが三五〇頭、馬車が一台と、一目で見わたせないほどの大部隊だった。ラモとロブサンは二頭のラバに引かせた輿《みこし》にのった。二人は仲よしだったにもかかわらず、ひっきりなしにけんかをしていた。つかみ合いのけんかがはげしくなり、輿がひっくり返りそうになることも少なくなかった。そうすると、呼ばれた母がきまって目にするのは、泣きべそをかいたロブサンと、その横で勝ち誇った顔で座っているラモの姿だった。ロブサンは気立てのやさしい子で、ラモのほうが気が強かったのだ。そのころの行ないだったら、ダライ・ラマはきっとノーベル平和賞を受賞できなかっただろう。聖人の化身も最初はがんぜない子だったのだ。

ほとんど人の住まない土地をぬけ、一行が目的地のラサにたどりつくのに三カ月と三〇日かかった。峠を越え、川を渡っていかねばならず、夜にはうすっぺらいテントを張ったが、悪天候の日にはあまり役に立たなかった。旅をつづける日々の中で唯一の気晴らしといえば、家畜を連れた遊牧民を通りすがりに見かけることだった。

この数カ月のあいだ、ラモは興を引くラバが自分を特別な未来に運んでいるという気持ちをいだいていただろうか。とてつもない責任が待ちかまえていることを、少しでも予感しただろうか。

黄金の都ラサ

ようやく一行の視界にラサの黄金の屋根が見えてきた。ラサはチベットの首都であり、チベット人からは「聖都」とも呼ばれている。ラサにはチベットでもっとも神聖なジョカン寺と、ダライ・ラマの二つの宮殿がある。大きなほうがポタラ宮殿で、ダライ・ラマは寒い季節にはこちらに住み、夏のあいだはノルブリンカ宮殿で過ごした。ノルブリンカとは「宝の庭園」という意味だ。

首都ラサに到着したとき、小さな村からやってきた男の子は、家に帰ってきたような気持ちになった。チベット人の信仰によれば、彼はこれまで一三回の人生をここで過ごしてきたのだから、それもおどろくことではない。そのうちの大半をポタラ宮殿で過ごしていたのだ。遠くからでも圧倒的な存在感のあるポタラ宮殿は、ラサにある丘の上にそびえ立っている。七階建てで一〇〇〇の部屋があるこの宮殿までは、二〇〇〇段もある大きな石段がつづいている。各部屋は金や銀の装飾品であふれかえっていたそうだ。それどころか、歴代のダライ・ラマの彫像のなかには純金製のものもあった。

当時、ポタラはたんなる宮殿ではなかった。ダライ・ラマの居室のほか、政治的な執務室や数え切れないほどの倉庫があり、一七五人の僧侶が住む僧院もあった。どれもこれも国の神聖な宝といえる仏典など無数の巻物が保管されていた。また、一三人のダライ・ラマのうち七人の墓もポタラにある。

ラサに到着後すぐに、この聖殿で儀式がとり行なわれた。これは、男の子の新しい人生が始まったことを決定的に意味するものだった。男の子はラモ・トンドゥプという名前

を失い、代わりにとても長い新しい名前を手に入れた。正式には「ジャンペル・ガワン・ロブサン・イェシェ・テンジン・ギャツォ」といい、「穏やかな栄光、叡智、言葉の主、高貴な心、智慧の大海」という意味がある。そのわずか数カ月後、一九四〇年二月にもう一つ重要な儀式が行なわれ、テンジン・ギャツォが、ダライ・ラマ一三世の死後六年のあいだ空席だった獅子の玉座の主となった。この玉座は、両側面に八頭の木彫りの獅子があしらわれていることから、そう呼ばれている。

この高い玉座についたとき、テンジン・ギャツォは五歳にもなっておらず、玉座にあがるのにも召使いの助けが必要だった。それでもチベット人は、たとえ子どもの姿であっても、自分たちの守護者の魂がふたたびラサにもどり、獅子の玉座に帰ってきてくれたことをよろこんだ。すぐにテンジン・ギャツォは、この新しい役割にはよいこともあると気づいた。即位にあたって届いたたくさんの贈りものに感激したのだ。とりわけ夢中になったのは、イギリス政府の代表者がくれた鳥のつがいだった。手に入れたばかりの権力を使って、すぐさまその鳥を自分の部屋にはこばせた。ほかにも、カッコウ時計や腕時計、オルゴールなど、お気に入りの贈りものが部屋に集められた。

ポタラ宮殿での生活

ポタラ宮殿はとても壮麗だったが、幼いダライ・ラマ一四世はこの宮殿があまり好きではなかった。居室として当てられた、最上階にあるダライ・ラマ五世の寝室は、古ぼけてくずれ落ちそうだった。部屋の隅やどんちょうの裏には、数百年ものあいだのほこりが積もっているように思えた。ダライ・ラマは自伝の中で、寝室にはネズミが住みついていて、毎日、仏陀へのお供えものを供物皿から持ち去っていったと語っている。ときにはベッドにもよじのぼってきた。ダライ・ラマは楽しんで観察しているうちに、同居しているこの小さな動物たちが大好きになった。

人間の友だちはごくわずかしかいなかった。もちろん、巨大な宮殿にひとりぼっちだったわけではなく、たくさんの召使い、教師、役人たちもいたが、家族の中でポタラ宮殿に住んでいたのは兄のロブサンだけだった。両親は、宮殿の近くにある大きな石の家に住んでいた。ラモが幼いころに予見していたのとよく似た家だった。

神王も学ぶ

六歳のときに、テンジン・ギャツォは出家した。まず「見習僧」となり、以降はずっと、仏教の慣習に従って坊主頭にし、黄色い僧衣を着ることになる。この年齢から教育も受け始め、何人かの僧侶が教師として教えることになった。当然のことながら、まず読み書きを習う。そのあとの時間割には、医学や仏教哲学といった科目もならんでいた。ダライ・ラマは、自分はまったくやる気のない生徒だったと当時をふりかえっている。好きな科目は体育だった。

ふだん、授業がある日は六時に起床し、一時間ほど祈祷と瞑想をした。朝食後に最初の授業が始まり、読み書きと経典の暗記をした。一〇時になると、幼いダライ・ラマは政府の会議に出席しなければならなかった。会議のあとは、昼食まで遊ぶことができたが、昼食後にはふたたび授業が始まった。みっちり組まれた日課は、夕方になってようやく終わりを迎えた。

やっと少年に「自由な」時間が訪れるが、宮殿から出ることはできなかった。宮殿から出られるのは、祭礼などの公式の機会があるときだけだった。だから、自由な時間でも、何か変わったことはほとんど体験できなかった。お気に入りの遊びといえば、ポタラの屋上に登って、そこから望遠鏡で月や星を眺めることだった。「私は好奇心が強いので、もし僧侶になっていなければ、おそらく技師になっていたでしょう」。望遠鏡での探索に興味をもっていた子ども時代をふり返って、ダライ・ラマはそう語っている。

ハインリヒ・ハラーが教えてくれた外の世界

ダライ・ラマは、屋上から望遠鏡でしょっちゅう宮殿の周辺を調査していた。一三歳になっていたダライ・ラマは、ある日いつもの「探索」をしているときに、チベット人の一群の中にひときわ目立つ金髪の人を見つけた。いうまでもなく、たちどころに興味をひかれたダライ・ラマは、この見慣れぬ人に会えないかと母に頼んだ。

この男はオーストリア人登山家のハインリヒ・ハラーといって、第二次世界大戦の混乱時にイギリス軍の捕虜収容所からラサに逃げ延びてきたのだった。若いダライ・ラマは、宮殿の壁の向こうにある世界に大きな憧れをいだいていた。もしかしたらこのヨーロッパ人が、自分には閉ざされている世界への扉を開いてくれるのではないだろうか。そう思ったダライ・ラマは、このオーストリア人を招待し、すっかり仲よくなると、教師として、また映写技師兼カメラマンとして雇うことにした。ハインリヒ・ハラーが撮影したフィルムのおかげで、一〇代のダライ・ラマは自分の家族の日常を初めて目にしたのだった。ピクニックをする両親や兄弟を見たり、兄の乗馬の授業を観察したりもできた。

この機会に、ヨーロッパの暮らしについていくらか知るようになった。ハインリヒ・ハラーから英語を学び、ヨーロッパの風俗習慣についても教わった。たとえば、あいさつするときどんなふうに握手するかといったことだ。チベットでは、ふつう、あいさつで握手することはない。チベット人はダライ・ラマを見つめてはならず、ふれるなどもってのほかだった。けれども、のちにダライ・ラマは世界中を訪れ、公の場で数え切れないほどの人と握手をかわすことになる。

ダライ・ラマがハインリヒ・ハラーとともに過ごした日々については、『セブン・イヤーズ・イン・チベット』という本に記されている。この本は世界的ベストセラーとなり、西洋諸国におけるその後のダライ・ラマ人気の礎《いしずえ》を築いた。ブラッド・ピットがハインリヒ・ハラー役を演じて映画化された同名の作品も、このチベットの指導者の人生を知るのにお勧めの映画だ。二〇〇六年にハインリヒ・ハラーが亡くなるまで、二人の親交はつづいた。

ハインリヒ・ハラーはダライ・ラマのためにポタラ宮殿内に映写室をつくり、ハラーの古い映写機で、祭礼やラサのさまざまな出来事を録画して見せてくれた。また、ダライ・ラマ一三世が残したフィルムのなかに、たとえばマハトマ・ガンジーの人生などの記録映画があった。ヨーロッパでの戦争を伝える短いニュース放送を見ることもあった。このときすでに戦争がチベットをおそっていたことに、若いダライ・ラマも、その教師であったハラーもまったく気づいていなかった。

ふたたびの転機　戦争勃発

突然の劇的な変化は、ダライ・ラマの運命につきもののようだ。ダライ・ラマが一瞬一瞬を生きているのは、おそらくそのためだろう。そうでなくても、次の瞬間に何が起こるかなど誰にもわからない。

一九五〇年に、ダライ・ラマやそのほかすべてのチベット人にとって重大な危機が生じ、それがいまだにつづいている。ダライ・ラマ一三世の予言が現実のものとなったのだ。一九五〇年一〇月、チベットを侵略しようとする中国人民解放軍のすさまじい進軍により、まずカム州が占領された。

中国兵の進駐とともに、平和を愛するチベット人のあいだに不安と恐怖が広がった。北京政府が自分たちの国を併合し、数千年の歴史をもつ文化を破壊しようとしていることを予感したのだ。当時の出来事をふり返って、ダライ・ラマはこのように述べている。「招待していない客人がやって来て、しかもその人たちは武装していたのです」

この危険な状況に直面し、一六歳の、つまりまだ未成年であるテンジン・ギャツォに政権が委譲されることになった。それとともに、ダライ・ラマは自分の青春が終わったことを悟った。戦争の準備に取りかかる一国を率いなければならない。世俗の事柄をほとんど知らずに育った一〇代の若者には、とても負いきれない責務だった。のちに、この人生の決定的な転機について、「それからは問題しかありませんでした。つねに問題ばかりでした」とダライ・ラマは語っている。

それ以降、チベットの若き指導者は、「政治の蛮行、容赦ない帝国主義、残忍な征服欲、闘いの言葉」について、気が進まない講義を受けた。ダライ・ラマは「外交ゲームはまったくわからなかった」と認めているが、それでも、時間をかけて中国政府と交渉を行なわなければならなかった。その交渉も失敗に終わる。毛沢東はあからさまにチベット人を侮辱した。若きダライ・ラマに対し、こういって脅したそうだ。「チベットは偉大な歴史を有し、遠い昔には中国の広い範囲を征服しさえした。しかし、今は取り残されている」

若きダライ・ラマは国際的な支援を得ようと力を尽くし、国連に援助を要請したが、何の成果も得られなかった。一九五九年三月、ついに切迫した事態となる。中国政府がダライ・ラマの誘拐を企てているといううわさが広まった。ダライ・ラマの命が危険だ。三万人を超えるいきり立った群衆が、ダライ・ラマを守ろうと宮殿に押しよせてきた。二個の手榴弾が宮殿の門前に落ちたとき、ラサはパニックに陥った。

決断を先延ばしにできないことは誰の目にも明らかだった。チベットでは、重大な局面でお告げを聞くことが古くからの習わしとなっている。このときもそうだった。神託官の答えは疑いようがなかった。「行け！　今夜行け！」そう叫んだのだ。

その晩、ダライ・ラマは夏の離宮ノルブリンカにいた。彼は、どうにも解決できないジレンマに陥っていた。ラサに残ることを選べば、暴力と血まみれの防戦が待っているだろう。祖国を去れば、ダライ・ラマにとってもチベット国民にとっても出口はまったく見えなくなる。けれども、亡命先からチベットの自由のための戦いをつづけるチャンスがあるかもしれない。

一九五九年三月一七日、ダライ・ラマはついに重い気持ちでチベットを脱出することに決めた。別れと、無事の帰還を願うしるしとして、チベットの若き指導者はカタと呼ばれる白いスカーフを守護神像にかけた。そして最後に瞑想室でお経を読み、信頼と勇気の必要性を説いている箇所で止めた。

ヒマラヤ山脈を越える脱出

ダライ・ラマは、僧衣を脱いで慣れないズボンをはき、トラックの幌の下に隠れ、夜の一〇時ごろに暗やみに紛れて宮殿から抜け出した。家族や近しい側近とは、川の向こう側で落ち合うことになっていた。この「救いの岸辺」にたどり着けるかどうかはわからなかった。あらゆるところに中国兵がいたのだ。捕らえられるかもしれないと思うと、血の気が引いた。そんなことになれば、この国もすべて失われてしまうだろう。

けれども、すべてうまくいった。砂嵐が起こり、街中に砂ぼこりがもうもうと舞い上がっていたおかげで、気づかれずにラサを後にすることができた。あらかじめ決めておいた通り、残りの少人数の一行と合流し、チェラ峠を目指して標高五〇〇〇メートル級の連峰に向けて急いで出発した。テンジン・ギャツォはびくびくしていた。馬やラバのひづめが鳴らすガチャガチャという音が耳をつんざくほどに大きく、はるか遠くまで聞こえそうだった。けれども、誰にも見つからずにすんだ。

途中、逃亡する一行にさらに何人かが合流し、この一行をカム地方の兵士が護衛してくれた。そのとき七〇歳になっていたダライ・ラマの母もいっしょだった。誰もが死の恐怖をかかえ、昼も夜もできる限り休むことなく歩みを進めた。それでなくても極寒のヒマラヤ山脈の頂きを吹雪がおそい、一行は凍《こご》えきっていた。十分に暖かい衣服を持ち出す余裕もなかったのだ。

ダライ・ラマとお供の者たちの精神状態も、同じくらいつらい状況だった。中国軍がラサの群衆に砲火を浴びせたという報せを受けとっていたのだ。蜂起の鎮圧で八万人を超える人々が死亡し、数千人が投獄された。もっとも恐れていたことが起こってしまった。ダライ・ラマは呆然とした。それと同時に、もし自分がラサにとどまっていたとしても、この事態は避けられなかっただろうとわかっていた。おそらくダライ・ラマ自身も殺されるか、捕らえられてしまっただろう。

チベット国民に対する中国人の残忍な行為を思うと、もはやダライ・ラマ自身も、一九五一年に中国とのあいだで調印された、チベットの平和的解放のための措置に関する一七カ条協定にしばられたくなかった。ルンツェ・ゾンで休憩をとったさいに、ダライ・ラマは協定の破棄を宣言するとともに、簡単な儀式を行なってチベット亡命政府を樹立した。

このとき一行は、インドとの国境からそう遠くない場所にいた。ダライ・ラマは国境を越える許可を得るため、先にインドに使者を送っていた。インド政府からダライ・ラマを受け入れる意思があるという朗報がようやくとどいたとき、ダライ・ラマの忍耐力は限界に達していた。高熱を出し、馬に乗れる状態になかったダライ・ラマを、召使いが毛むくじゃらのゾモ［ヤクと牛の交配種］の広い背に乗せて運んだ。

一九五九年三月三一日、この質素な乗り物でチュタンモの検問所からインドへの国境を越えた。ダライ・ラマにとって祖国を去るのはつらいことだった。あとに残していかざるをえなかったすべてのチベット人が心配だった。あの地に戻ることは二度とないだろうとわかっていたのだ。ダライ・ラマの心は深い悲しみでいっぱいだったが、またしても、不確かな未来へと進むよりほかに道はなかった。

チベットの指導者が脱出に成功したというニュースは、またたくまに広まった。それを知った毛沢東は、「われわれは戦いに負けた」と言ったという。ダライ・ラマがその後どうなるのか、毛沢東もこのときすでに予感していたのだろうか。チベット人は中国軍の軍事力にはかなわなかったが、ダライ・ラマの内面の強さが打ち負かされることはこれから後もない。

インドでの亡命生活

一九五九年四月一八日、ダライ・ラマはインド政府から公式に歓迎を受けた。インド国民はダライ・ラマに大きな共感を寄せてくれた。ダライ・ラマに手を振り、祝福の言葉をかけようと、道ゆく一行を群衆が取りかこんだ。インド政府はこの状況にそれほど熱くなってはいなかった。ネール首相は、インドがダライ・ラマの政治亡命を認めるという印象を中国に与えたくなかったため、中国の反応をうかがっていたのだ。インドと中国のあいだで合意された「平和五原則」に対する違反と解されるかもしれないからだ。そのため、ネールはダライ・ラマに、インド政府はチベット亡命政府を認めるつもりはないとはっきりと告げた。インド政府はいまだにその姿勢を変えていない。また、ほかに世界でチベット亡命政府を公式に承認している政府もない。

一九六〇年にインド政府は、ダライ・ラマに避難の地としてダラムサラをあてがった。ダラムサラはインドの北部、ヒマラヤ山脈ふもとの高地にあるへんぴな場所で、生活環境が厳しいことで知られ、モンスーンの雨がとりわけ激しい地域だ。それにくわえ地震も多いことから、インド人はあまりここに住みたがらない。

ダライ・ラマの住居として、マクロード・ガンジ地区の森のそばにあるスワーグ・アシュラムが選ばれた。この地域は今では「リトル・ラサ」とも呼ばれ、五〇〇〇人以上のチベット人が住んでいるが、ダライ・ラマが到着したころは、わずか一〇〇人ほどしかいなかった。だが、いまやメインストリートのテンプルロードでは、全世界からやって来た仏教の僧侶や巡礼者が独特の情景をつくり上げている。ダラムサラは今なお亡命チベット人にとって重要な避難場所であり、この地に逃れてきた人は、これまでに合わせて一〇万人を超える。チベットの子どもたちが安全に成長し、チベットの文化を営むことができるよう、多くの両親がわが子をこの地に送ったり、難民の集団としてやって来る。そのためダライ・ラマは、ダラムサラにいくつもの託児所を開設し、子どもたちに住まいを与えた。チベット難民の生活保護は、ダライ・ラマがその活動全体のなかでも非常に重視している。

「だいたいのところ、私たちはダラムサラでとても幸せに暮らしています」とダライ・ラマは言う。現在ダライ・ラマが住む建物は丘の上にたち、小さな庭があって、木々にかこまれている。インドや世界各地をめぐる旅では、よいこともたくさん経験しているという。「インドでの亡命生活では、たくさんの重要な方々に会いました。なかには、興味深い科学者もいました。ほかの宗教についてもたくさんのことを知りました。また、私自身の話を語り、世界中に伝えることができました」

祖国を失ったことは、ダライ・ラマにとって今もって耐えがたいことだ。「祖国を遠くからしか見ることができません。国は占領され、荒らされ、それでもなお、決して消滅したわけではないこと、自分の中に生きつづけていることを、私は知っています」と自身の経験を語っている。けれども、自分は何百万人の難民のひとりにすぎないともいう。

「二〇世紀は亡命の世紀です。これほど多くの人々が故郷を失った世紀はありません。自発的に、あるいは強制的に亡命した何百万という人々の存在は、しばしば忘れられてしまいます。エリス島に渡った移民、強制的に徴集された植民地の兵士、ボートピープル、かつては積極的に受け入れられていたものの、今や邪魔者扱いされている『出稼ぎ労働者』などです」

有益な人生

ダライ・ラマは現在八〇歳［二〇一四年現在］だ。農家の子どもからチベットの神王へ、そして難民となったのち、全世界から尊敬される指導的な人物となったその生涯は、この時代の偉大な物語のひとつとみなされている。夜眠っているとき彼は、一三〇歳になる夢をよく見るという。主治医たちも、ダライ・ラマは少なくとも一〇〇歳まで生きるだろうと予測している。

ダライ・ラマはとりわけ謙虚なことで有名だ。これまでの人生について、ダライ・ラマ自身はどのように述べているのだろうか。

「私の人生は困難でしたが、とても有益でもありました」

［3］「すべての人々が幸せになりますように」——仏教の基礎

ある人が仏陀に出会い、並外れた光を放つその姿に心を打たれました。

目の前にいるこのお方は誰なのかと思い、たずねました。

「あなたは神様ですか」

——「いいえ」

「天の使いですか」

——「いいえ」

「聖者ですか」

——「いいえ」

「では、あなたは何者ですか」

仏陀は答えました。

「私は、目覚めた者です」


（仏教の言い伝え）

「誰も改宗させるつもりはありません」

ダライ・ラマはチベット仏教徒の指導者だが、あらゆる仏教徒の精神的指導者とみなされている。ダライ・ラマのメッセージを理解するのに、かならずしも仏教徒である必要はない。仏陀《ぶっだ》がそうであったように、ダライ・ラマは、性別、社会的出自、肌の色、国籍に関係なく、すべての人々に目を向けている。西洋諸国での講演で、聴衆を仏教に改宗させようともまったく考えていない。「私たち（仏教徒）は、ほかの人を改宗させようとすることはいっさいありません。こうした目的は私たちには無縁です」とダライ・ラマは言う。このチベット仏教徒の指導者は、ほかの宗派を信仰する人々に対し、自分が親しんでいる宗教を実践し、必要であれば、仏教の思想や修行をいくらか取り入れるよう勧めている。

仏教には、たとえば、万人の共生にまつわる倫理的な（あるいはそれ以外の）問題に対して、まちがいなくとても役立つ答えがある。理解しやすいように、仏教の根本思想と、よく用いられる概念のいくつかをここで解説したい。

恩の宗教

仏教はおよそ三〇〇〇年前にインドで発生した。現在では世界四大宗教のひとつとみなされている。大半の仏教徒はアジア諸国に住んでいる。二〇世紀以降、仏教はドイツやアメリカ合衆国などの西洋諸国でも信者を増やしている。

「仏教」という言葉には、「認識の教え」といったような意味がある。この認識とは何だろうか。この問いに対する答えは、とても簡単でもあり、またとても難しくもある。仏教には数多くの経典があり、いかに仏典や仏陀の教えを理解するかといったことに関する本も数え切れないほどある。仏教徒でない読者のみなさんにもわかりやすいよう、この本ではあまり難しい表現は使わないようにしたい。

これが可能であることは、仏陀が教えてくれた。仏陀については、このあとすぐにお話する。仏陀が日頃から気にかけていたのは、とりわけわかりやすい言葉で話すことだった。七歳の子どもでも理解できる説明でなければならない。ありがたいことに、ダライ・ラマも仏陀と同じくらいこの技術に長けている。ダライ・ラマは、きわめて複雑な仏教の教えを、すっと頭に入ってくる二つの言葉にまとめることができる。

ひとつめは、「他者を助けなさい」。そしてもうひとつは、「もしそれができないなら、少なくとも他者に害を与えてはいけません」ということだ。その説明として、チベットの智慧の師であるダライ・ラマは、こうつけ加えている。「二つめの教えは、仏教倫理の基礎をなしています。この教えは、他者を害するのをやめるということにあります。どちらの教えも、愛と思いやりの思想に基づいています」

ダライ・ラマはさらに具体的に、みずからの信仰の基盤をこのように言いあらわしている。「私の信仰の寺院は心の中にあります。その教えは愛と思いやりです。その道徳は、他者を愛し、敬うということです。私の好きな祈りの言葉は、『虚空《こくう》が存在する限り、命あるものが存在する限り、私も存在しつづけて、この世の苦しみを取り除くことができますように』というものです」

仏教の教えと実践における愛と思いやりの重要性は、とりわけ「仏陀」の非凡なる生涯から読みとることができる。仏陀は若いころに数々のおどろくような経験をし、これらの経験が、最後には仏陀を永遠の幸福への道に導いた。それ以降は、仏陀を見習うことで、誰でもこの道をたどることができる。それでは、仏陀のお話をしよう。

シッダールタ　金の鳥かごのなかの王子

仏陀は、釈迦族《しゃかぞく》のゴータマ・シッダールタ王子として北インドに生まれた。正確な生年月日はわかっていないが、紀元前五六三年の四月か五月に生まれたと考えられている。生まれたところも一風変わっていて、王子には似つかわしくない場所だった。シッダールタの母がお産のために実家に里帰りするはずが間に合わず、ルンビニ近くの木立のなかで生まれた。生まれてすぐに、シッダールタは困難な状況におかれた。出産後まもなく母が亡くなり、養母となる母の妹に育てられることになったのだ。

経済的には、シッダールタは当時のインドではこの上なく恵まれていたようである。シッダールタの父シュッドーダナは王（城主）であり、広大な土地を所有し、非常に裕福だった。シッダールタは壮麗なカピラ城で何不自由なく育ち、大いに甘やかされた。幼い王子はいつも絹の衣服を身にまとい、日差しをよける白い傘をさしかける使用人に取り囲まれていた。

おとぎ話のようにすてきに思えるが、シッダールタは金の鳥かごに閉じ込められていた。父は息子を外の世界から隔離し、王宮を出ることを厳しく禁じていた。父は城主の跡取りとしての道をシッダールタに示し、そこから外れることは決して認めなかった。大勢の庭師を雇い、夜のうちにしおれた花をすべて取り除くよう命じた。幼い王子が悲しむ原因は、何ひとつあってはならなかった。そのため王宮でも、とりわけ美しく若い使用人のみが働いていた。

シッダールタは長いあいだ父の期待に応え、父はそんな息子をとても誇りに思っていた。シッダールタは見目うるわしく、賢く、たくましい若者に成長した。一六歳のときに、父の意に沿ってヤショーダラー妃と結婚する。長いあいだ子どもが生まれず、シッダールタが三〇歳近くになってようやく第一王子が誕生した。二人は息子にラーフラと名づけた。

何かを待つばかりの年月を重ねるうち、シッダールタはだんだんと気持ちがふさぐようになってきた。人生が絶望的に思えたのだ。何かあるに違いない！　そこで父の意向を無視し、王宮の外を見て回ろうと考えつく。馬車に乗って、ひそかに王宮の周辺をめぐることにした。

それぞれに込められた意味

言い伝えでは、そうして出掛けたときに、王子は初めて病人や老人、死の瀬戸際にある人など苦しむ人々を目にしたといわれている。保護されて育ったシッダールタは、人生のそうした面を見聞きしたことがなかった。苦しみについて何も知らなかったのだ。それまで人生には楽しいことしかなかったが、そうしたものがまったく無意味に思われた。「この世に永遠なるものは存在しない。すべてのことは移ろいゆく定めにある。死んでしまえば、いま大切なものすべてが無価値となる」とシッダールタは言った。

シッダールタは思いやりのある慈悲深い若者だった。人々の苦しみを深く悲しんだ。他人の肉体的な痛みや精神的痛みが、まるで自分のことのように感じられた。ひどくうろたえた彼は、「人生は苦である」ということに気づいた。そして、苦しんでいる人々を救う道を探しはじめる。それについて考えれば考えるほど、「いったいなぜ人は苦しむのか」、「苦しみから逃れるために、あるいは少なくとも苦しみを和らげるために、みずから何ができるか」、「幸せへの道はあるのか」といった疑問がどんどん生まれてきた。なじんだ環境には手掛かりがまったくなく、家族にはなおのこと何の助けも期待できなかった。こうした疑問に対する答えはどこで見つかるのだろうか。

行者となる

ある日、シッダールタは托鉢《たくはつ》をしている行者《ぎょうじゃ》に出会った。行者とは、インドの村から村をめぐり歩く聖者である。財産、仕事、家族といった世俗のものごとをなげうち、すべてを捨てて簡素な人生を送っている。すべてを断ち切ることにより、精神的覚醒に到達することを目指している。シッダールタは行者から放たれる光に心を打たれた。粗末な服をまとったこの男は、シッダールタに托鉢の鉢を差し出した。そのまなざしは澄みきっていて、シッダールタの疑問に対する答えをもっているように見えた。

若き王子は、この托鉢僧についてゆき、自身も賢くなって、苦しみの原因を見つけだそうと決心した。妻と子どもを大家族のもとに残し、城主の地位を捨て、高貴な家系の特徴としてずっと長く伸ばしていた髪を切り落とした。シッダールタは「出家《しゅつけ》」して修行生活に入る。すでに当時から僧侶は剃髪《ていはつ》し、僧衣をつけていた。「出家者」は、天と地をわが家とし、生活の糧として他人から布施《ふせ》を受けとる。

その後、シッダールタは苦行者の集団に加わる。何年ものあいだインドの苦行林で、宗教的覚醒に到達することを願いながら、ヨガや修行を行なった。イバラの上で眠ったり、骨と皮になるまで絶食したりした。けれども、長いあいだ断食《だんじき》しようと、さまざまな煩悩《ぼんのう》を捨てようと、望むような覚醒にいたらないことがわかった。体が衰弱し、苦行は以前のぜいたくな暮らしと同じくらいにおろかなことであると知った。

もっとよい道、つまり中道《ちゅうどう》があるはず。そう気づいたのは、ある人が男の子に琵琶の弾き方を説明しているのを耳にしたときだった。「弦はしめすぎると切れてしまう」と、その人は言った。「ゆるめすぎるとよい音が出ない。強すぎもせず弱すぎもせず、ちょうどよいくらいにしめると、美しい音をかなでる」

シッダールタは断食をやめ、じつに久しぶりに乳がゆをたっぷり食べた。仲間はそれに腹を立て、シッダールタを説得したが、シッダールタの決意を変えることはできなかった。シッダールタは三五歳のときに仲間と別れ、ひとりで探究を続けた。

ピッパラ樹のもとでの悟り

シッダールタはどうしたのだろうか。どこで疑問の答えを見つけることができたのか？　シッダールタは、野原のすみのビワモドキの木陰ですごした日のことを思い出した。そのとき、思いがけず深く没頭し、不快な感情がすっかりどこかにおしやられた状態を体験した。そんな体の中が無重力になったような状態をもう一度体験したいと、ぴったりの木を探していると、ついに、現在のブッダガヤの近くにある川のほとりでその木を見つけた。

大きなピッパラ樹の下に草の敷物を敷き、その上で姿勢を正し、ゆったりと坐禅を組んだ。シッダールタは、人間の苦しみという問題に対する解決策が見つかるまで坐りつづけようと決心する。この真理の探究者は、自分自身についてじっくり考え、みずからの心を見つめた。気持ちをそらすことなく集中した。頭上の枝にとまる鳥のさえずりにも耳をかたむけず、昼から夜へのうつり変わりにも気づかなかった。照りつける日差しにも、全身をずぶぬれにする雨にも動じなかった。

瞑想中に、不安、欲望、ねたみ、怒り、憎しみといった苦しい考えや感情が心にわき起こってきた。シッダールタは、人々を苦しめているのはこの心の状態であったことにまず気づいた。そして、快感にも不快感にもとらわれず、こうした感情を、空に浮かぶ雲のように、あるいは川を流れる水のように自分のかたわらを流れるままにすることで、さらに深く集中していった。簡単なように聞こえるが、そんなことはない。ほんの五分間じっと坐り、あれやこれやの雑念にとらわれないようにしてみれば、誰にでもそれがわかるだろう。

ますます深く自分に没頭し、何時間も何日もすぎたころ、シッダールタは、目覚めていながらも平穏な状態に到達した。心の平安を得たのだ。精神が「落ち着き、清められ、従順で、安定し、ぐらつきがない」と、のちにシッダールタはそのときの体験を僧侶に語っている。この数週間にわたるピッパラ樹のもとでの成長は、一言でいえば、「かぎづめの先やくちばしを使って卵の殻を割っていき、ようやく光を得たヒナ」のようだったそうだ。

シッダールタはあらためて精神を集中し、心を研ぎ澄ませ、幾夜も眠らずに最大の疑問に対するさらに深い答えを探した。まず重要だったのが、前世を認識することだった。インドでは、昔から生まれ変わりが信じられている。シッダールタは数多くの命と人生を思い出すことができた。二晩めに、生と死の大きなつながりに「夢中になって」精神を注いだ。もっぱら生前の行ないが、生まれ変わる条件を決定することを知った。三晩めに、苦しみの解放に集中し、決定的な洞察に到達した。「四諦《したい》（四つの聖なる真理）」がひらめいたのだ。この四諦が、のちに仏陀の教えの基本となる。圧倒的な幸福感が心の中に広がり、よろこびの声を上げた。「私は解放された！」目的を達成したことがわかった。

シッダールタのこの精神的な体験を「悟《さと》り」という。悟りを開いた人は人生の真理を十分に理解しているので、チベット語では「サンギェ」と呼ばれる。サンギェは、迷いのおおいがとりはらわれ（サン）、精神に内在するあらゆる性質が発揮される（ギェ）。悟りを開いた者は、つねに純粋なよろこびと限りない愛の状態にある。こうした人々は、輝く太陽のように周囲の人々をあたため、それぞれに悟りの可能性があることを気づかせる。シッダールタは、その体験以降、「仏陀」（目覚めた人）と呼ばれている。ピッパラ樹は、いまでは聖なる木とみなされ、「菩提樹《ぼだいじゅ》」（悟りの木）と呼ばれるようになった。

師となる仏陀

悟りを経て、仏陀は並ならぬ光を放つようになった。誰もがすぐに気づき、尊敬の念をいだかずにはいられない光だった。バラナシ近郊のイシパタナの林園で、仏陀はかつての仲間に出会った。彼らは仏陀にその洞察について話してくれるよう頼んだ。最初、仏陀は断った。自分の体験をどう言葉にすればよいかわからなかったのだ。苦行者たちは、自分たちも解脱の道を見いだしたいと、ねばりづよく頼んだ。ついに仏陀は初めての説法を行なった。

その日から、仏陀はあらゆる階層の男女に幸福への道を説くようになった。信者のなかには、王やバラモン（インドのカーストの司祭階級）だけでなく、こじきや不可触民（インドのカーストの最下層）もいる。仏陀は、インドの伝統的なカースト制度をよしとしていなかった。弟子たちの集団（サンガ）はあらゆる人に開かれていた。仏陀の息子ラーフラも一〇歳のときにサンガに加わり、同様に悟りにいたることができた。

仏陀のもとで多くの人が悟りを開いたといううわさはすぐに広まった。そのため仏陀のサンガはどんどんふくれあがり、またたくまに信者が一二〇〇人を超えた。仏陀は僧団と尼僧団を設立し、信徒をもつようになった。仏陀はその時代のもっともすぐれた説法者となり、八〇歳でこの世を去るまで、北インドじゅうをめぐって教え導き、同行する弟子の大集団につねに取り囲まれていた。そのころのインドには学校も大学もなかったため、そういうことはめずらしくなかった。

仏陀の教え（ダルマ）は八万四〇〇〇の訓話からなり、これらは一〇八冊のカンギュルにおさめられ、現在に伝えられている。たゆむことなく教えを説きつづける理由を問われ、仏陀はこう答えた。

「私が教えを説くのは、すべての人々が幸せになり、苦しみから逃れることを願っているからです」

仏陀の死後、その説法は、最初は口頭で伝えられ、西暦一世紀ごろから書物にまとめられるようになった。

幸福への道しるべ　四諦と八正道

仏陀は、真理の認識を四つの言葉にまとめた。これを四諦という。四諦は、解脱と悟りの本質、方法、目的を述べている。

一、幸せはうつろいやすく、人生は苦である。

問題のない人生はない。私たちはみなくり返し、悲しみや怒り、病、さらには絶望のときを経験している。私たちは、恋に悩んだり、痛みを感じたり、望みがかなわなかったりすると苦しむ。すべてのことには二面性がある。これは先人の知恵だ。私たちの人生にも二面性、すなわち、よろこびと苦しみがある。

二、苦しみは、もっているものよりも多くを望むこと、あるいはもっていないものを望むことから生じる。

欲望、怒り、無知は不幸の根源である。仏陀にとって「無知」とは、悟りを開いていない人が、自分自身の本質を知らないことだった。私たちをほんとうに幸せにするもの、分別を失わせるものは何かを知ることが大切だ。

三、この欲求を乗り越えれば、苦しみがやむ。

誰でも、みずからを苦しみから解放することができる。必要なのは、苦しみはつねに形を変えているということを理解するだけだ。そして、たえず欲しがるのをやめなければならない。重要なのは、物質的なものや快楽を完全に断念することではなく、適切な距離をたもつことだ。これができる人は、より幸せに近づける。そうした人にとっては、何かが得られなくても、ものごとが希望どおりに進まなくても、たいしたことではない。

四、幸せにいたるには八つの道（「八正道《はっしょうどう》」）がある。

「八正道」の行動を実践することには意義がある。不幸になる考えや行為を避けることができるからだ。

八正道は、四諦とともに仏陀の教えの基本とされている。これは実際的な指針であり、幸せな人生に到達できる方法を説いている。八正道は、倫理規範などの提言をあらわす八本のスポークをもった車輪にたとえられる。この規範は、「智慧」、「倫理」、「意識」に分けることができ、同時に実践する必要がある。

八正道の項目は、いずれも「正」という語で始まる。「正しい」行ないとは、相応であり、一面的でなく、利己的でないことだ。仏陀は信者たちが、正しいものの見方(正見《しょうけん》)、正しい考え方(正思惟《しょうしゆい》)、正しい言葉(正語《しょうご》)、正しい行動(正業《しょうごう》)、正しい生活(正命《しょうみょう》)、正しい努力(正精進《しょうしょうじん》)、正しい気づき(正念《しょうねん》)、正しい瞑想(正定《しょうじょう》)をするよう願った。これらの規範から、殺さない、盗まない、よこしまな男女関係をもたない、麻薬を使用しない「飲酒をしてはならない」、誠実なやり方で生計を立てる「嘘をついてはならない」といった戒《かい》が生じる。僧侶と尼僧にはさらに行動規定がある。

仏陀の倫理的な規範や原則は、当時のインドで波紋を呼んだ。多くのインド人は、仏陀を危険な反逆者とみなした。というのも、仏陀は当時の社会制度の基盤を批判したからである。インドでは、個人の運命がほとんど社会的身分のみによって、あらかじめ決まっていた。人は誰でも自分の幸福を左右できるという考えは、多くの人々にとって、まったくもって思いもよらないものだった。

仏陀の道と教えにしたがう人は、何を得られるのだろうか。

「この道をたどることで、幸福、つまり安らぎの幸福、平穏、力が得られます。これは、境遇が変わっても、他人に失望させられても、強く望んでいたものが得られなくても、けっしてこわれることのない幸福です。人間のおたがいの結びつきを知ることによって、そして、心の奥にある価値観にはぐくまれる行動がいかに完全無欠かを知ることによって、この幸福は生まれてきます。そのもとになっているのは、心の中で安らぎを得た精神です」

アメリカ人の瞑想指導者シャロン・サルツバーグは、多くの人が仏教の道を通じて到達できるポジティブな状態をこう説明している。

神のいない宗教

神の存在についてたずねられたとき、仏陀は口をつぐんだ。仏陀の教えでは、神などの全能の創造主について説いていない。だから、仏教は通常の意味での宗教ではない。信徒が神と「再び結びつく」(英語で宗教を意味するreligioは、もとは、ラテン語で「再び結びつく」を意味するreligioに由来する)ことは、仏教の教えや実践の目的ではない。

仏陀は、すべての人間、動物、植物、そして感覚のない生き物や物体が、大海の波や布の編み目のように、ひとつのまとまりを形成していると説いている。ひとりきりで、あるいはおたがいに孤立して存在する生き物はいない。誰もが全体の一部であると同時に、それ自体が全体でもある。みんながつねにおたがいにかかわり合い、ある意識のレベルでおたがいに結びついている。

つまり、誰もがその思考と行為とによって、全体の状態に影響を及ぼす可能性があるということだ。仏教徒は、ほかの人や生き物を、異質なもの、自分とは切り離されたものとは思っていない。ほかの生き物に苦しみを与えれば、自分自身が傷つくと信じている。そこから、世界に対する個々の責任感が生まれる。そのため大半の仏教徒は、みんながよいようにふるまおうと努力する。結果として、全体の一部である各人も恩恵を受ける。

仏陀も神ではない。そのことは、仏陀自身がくり返し強調していた。悟りを開き、人間の経験についての重要で尊い洞察を人々に伝える存在として、仏教徒は仏陀を崇拝している。それゆえに、仏教徒は仏陀に深い尊敬と感謝の念をいだいているのだ。

よいカルマ、悪いカルマ

仏教の「無神性」は、信者にどんな結果をもたらすのだろうか。仏教徒は、神などの救世主の救いを頼りにできないため、自分の人生は自分でなんとかしなければならない。それぞれが自分の主人になり、自分の運命について決定する。「幸福はみずからの手でつくりだすもの」、「種をまいたものを収穫する」ということわざは、この、原因と結果という原則を言いあらわしている。これはカルマ（業《ごう》）とも呼ばれる。

この原則によれば、すべての思考、行為、言葉は、そのときの人生のさらに先にまで直接的な影響を及ぼす。仏教徒は生まれ変わりを信じているため、次の生は今の人生で積んだカルマによって左右されると信じている。よい行為、つまり「白業《びゃくごう》」はよいカルマにつながり、次の生で快適な生活環境をもたらす。善行、洞察、謙虚といった性質は、概してよいカルマを引きよせる。これとは逆に、悪い行為、つまり「黒業《こくごう》」はよくないカルマにつながり、その尻ぬぐいは、少なくともこの先の生のどこかでしなければならない。悪いカルマや、その結果として生じるつらい生活環境は、罰ではなく結果であり、日光浴をしすぎると日焼けするようなものだ。縁起《えんぎ》の法則によれば、過分な幸福もなければ、不当な苦しみもない。

くり返し生まれ変わってくること、つまり輪廻転生《りんねてんしょう》は、よいものであれ悪いものであれ、カルマがまったく生じなくなってはじめて断ち切られる。このとき、涅槃《ねはん》（サンスクリットで「吹き消す」という意味）、つまり「永遠の無」にいたることができる。涅槃は極楽や天国ではなく、あらゆる願望、欲望、迷いを克服した、いわゆる

「絶対的自由」の状態だ。仏教徒にとって、涅槃は最高の存在のあり方とみなされている。涅槃に入れば、苦しみから永遠に逃れることができる。仏陀の教えが実現するのだ。

思いやり　善良な心をもつ

仏教では、智慧と思いやりは、悟りに到達するための二つの翼《つばさ》と考えられている。仏陀にとって、思いやりはことさら重要なものだった。ダライ・ラマにとっても、この心のあり方はもっとも大切なものである。ダライ・ラマは言う。「愛と思いやりを育てましょう。人生にほんとうに意義を与えることができるのは、この二つです」

シッダールタは、まだ若いうちに、王宮の門の前にいる苦しむ人々に深い思いやりをいだき、どうやったら苦しみを終わらせられるかという疑問の答えを見つけようと、世俗の富をすべて手放した。悟りによって得られた認識により、仏陀は、すでに選んでいた思いやりという道を、さらに大きな決意をもって歩むことができた。慈経《じきょう》（メッタスッタ）には、慈愛と親愛がとても大切であることを説いた有名な教えがある。

「あたかも母親が命をかけてたったひとりのわが子を守るように、命あるすべてのもの、そして世界全体に対して、無量の慈《いつく》しみの心を起こしてください。上に、下に、あらゆる方向に、恨みなく、敵意なく、限りなく起こしてください」

チベット人にとってダライ・ラマは、深い思いやりの心をもつとされる菩薩チェンレーシの化身である。この伝説を知らない人でも、ダライ・ラマは慈悲と善行の人だと思っている。ダライ・ラマが、みずからの故郷チベットを占領する中国人に対してさえも、思いやりの心をもっていることに人々は感銘を受ける。厳しい生活状況にあっても、いかに思いやりをはぐくみ、それにもとづいて行動できるかを、ダライ・ラマはみずからの姿を手本としてすべての人々に示している。他者に心を開くその並外れた能力について、彼は次のように説明する。

思いやりは、「人々が強く幸福を望んでいるのに、じっさいに幸福な人がいかに少ないかに気づいたときに」生まれる。「愛のエネルギーがすぐ近くで手に入るのをよく知っているのに、あまりに多くの人が孤独であることを目にすると、私たちの心の中で思いやりが育つ。道ばたに咲く小さな深紅の花の美しさに気づき、それと同時に、その花がほとんど誰の目にもとまっていないことを知ると、思いやりが生まれる。私たちの周りにどれだけ多くの賢き老人がいるか、そしてそうした人たちが見すごされ、評価されずにいるかに気づくと、思いやりがはぐくまれる」

思いやりの実践として、ダライ・ラマは、出会ったすべての人と親友のように接することにしている。ダライ・ラマにとって、それはたんなる精神的な訓練や「宗教的な道楽」ではない。その理由はこうだ。

「地球上の人生にとって重要なのは、できるだけ多くの人が、自分の周囲に対して愛に満ちた態度を示せるかどうかということです。人類がこの広い視野の愛を示すことができなければ、どんな未来が私たちを待ちかまえているかわかりません」

三宝に帰依する　仏教徒になる方法

人は自分の意志で仏教徒になる。生まれ、人種、国籍といった環境は仏教の信仰に関係がない。仏教には叙階や洗礼もない。仏教徒になりたい人は、正式な儀式で、仏教の道を選んだこと、仏陀をみずからの師とし手本とすると決めたことを仏教の師に伝える。信者は仏教の三宝《さんぽう》、つまり仏（仏陀）・法（仏陀の教え＝ダルマ）・僧（仏教徒の共同体＝サンガ）に帰依《きえ》することを誓う。ダライ・ラマは、この決断はじっくり考えて行なうよう諭している。

「それは人生のすべてを、それどころかいくつもの人生を決定する、責任の重い決断です」

チベット仏教では、そのときにこのように唱える。

菩提《ぼだい》を得られるまで、仏・法・僧に帰依いたします。
施《ほどこ》しをし、万全を尽くして積んできた功徳《くどく》によって、
衆生《しゅじょう》の役に立つために、悟りを得ることができますように。

みずからの私生活に対するこの精神的な帰依の意味を、アメリカやドイツでよく知られている尼僧《にそう》アヤ・ケマはこう語っている。「帰依とは避難所です。そこでは、あらゆる波や嵐が静まっていて、私たちはいかりを下ろすことができます」

仏陀の最後の言葉

仏陀は食中毒で亡くなった。死の前に最後に弟子たちを集めて、こう言った。「お前たちは『言葉を伝えてくださった師がこの世を去ってしまった。よりどころとなる師はもういない』と思うかもしれない。しかしそのように考えてはいけない。私が説いた教えと戒律《かいりつ》が、私の死後にお前たちの師となろう」。そしてこうつけくわえた。「さあ、僧侶たちよ、お前たちに言っておこう。いっさいの事象は、本質的に過ぎ去るものである。心して修行に励みなさい」。それが仏陀の最後の言葉だった。

もしいま仏陀がいたら、地球規模の変化が起こりつつある不確かなこの時代について、何を語るだろうか。個々の救済と他者への配慮という仏陀の倫理が、二一世紀の今、とりわけ強く必要とされていると、仏教徒のみならず多くの人々が感じている。この二五〇〇年前の教えが、地球規模の社会問題と、生きとし生けるものすべての幸せに対する重要な答えを与えてくれると、人々は感じているのだ。

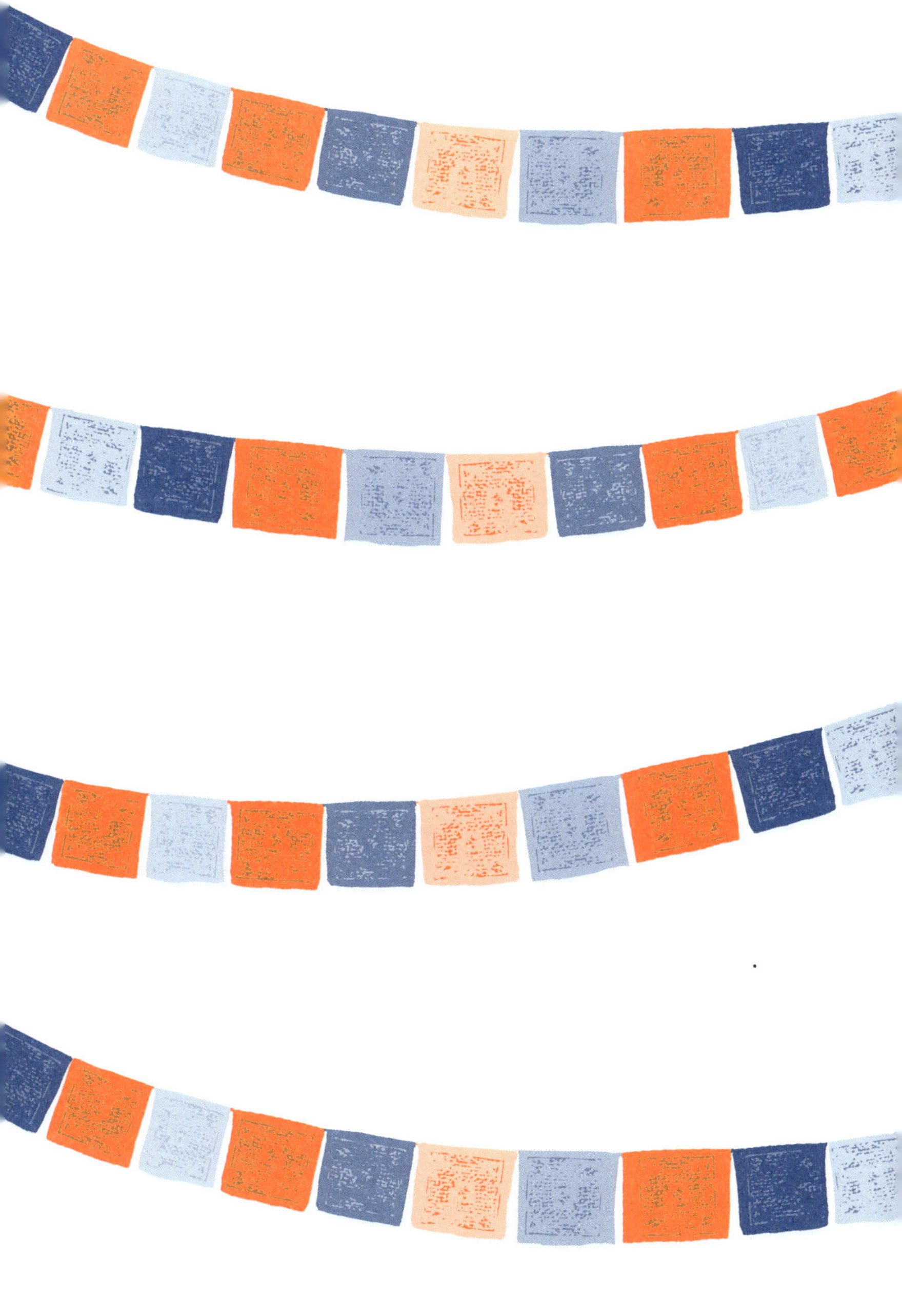

第２部

ダライ・ラマの言葉

住む家は大きくなっているのに、家族は減っている
便利になっているのに、時間に追われている
学位は増えているのに、分別は失われている
知識は増えているのに、判断力は鈍っている
薬はよくなっているのに、健康は衰えている
はるか月まで行って帰ってきたのに、
　道をわたって新しい隣人にあいさつするのに苦労している
性能のよいコンピューターを開発し、
　ますます多くの情報をたくわえられるのに、

コミュニケーションはうまくとれない
量は豊富になったのに、質は下がっている
あわただしい食事なのに、消化不良の時代
体は立派なのに、心は貧しい時代
利益は大きいのに、関係はうわべだけの時代
ショーウインドーにたくさんのものが並んでいるのに、
部屋には何もない、
そんな時代

ダライ・ラマ

［1］二一世紀の世代に語るダライ・ラマのスピーチ

青少年が集うイベントでは、ダライ・ラマは最初に短い講演を行ない、自分の考え方の基礎について説明する。そのあとで、若い聴講者から質問を受ける。

若いみなさんへ

僕は、そろそろこの世にお別れを告げる二〇世紀の世代に属しています。僕はすでに老人です。同じ年代のほかの人たちと同じように、たとえば冷戦や全体主義体制の崩壊など、二〇世紀を特徴づける劇的なできごとをたくさん体験してきました。そして、自分の力ではどうにもできない理由で、成人してからの人生の大部分を、国を失った難民としてインドで過ごしてきました。インドは五〇年以上前から、僕の第二の故郷となっています。この国にこれほど長く滞在している客人はほかにほとんどいないでしょう。

一九六〇年代末からは、世界のあちこちを旅してまわっています。光栄にもさまざまな出自の人々と知り合う機会がありました。なかには大統領や首相、王や王妃、あらゆる世界の宗教的指導者、一流の科学者、そしてあらゆる社会階級に属する数え切れないほどの一般の人々がいました。若い人たちと会うのは、自分自身もすこし若返ったように感じるので、いつもとてもうれしいです。また、若者たちと対話することで、何がみなさんの心を動かすのかを知ることができます。それは僕にとってとてもたいせつなことです。

みなさんは、世紀の変わりめに、あるいは今世紀に入ってから生まれているでしょうから、二一世紀の世代、とても重要な世代に属しています。今日、まだ二〇歳になっていない人はこの世代の一員で、それより年上の人は二〇世紀の世代といえるでしょう。つまりみなさんは、よりよい世界をつくり、この地球にまったく新しい形をもたらさなければならない若い世代です。私たちの未来であり、人間性を実践する社会に向けた私たちの望みです。世界の希望はみなさんの肩にかかっています。

人間がいなければ、地球は元気になる

この世界は、そして人間社会も、つねに変化しています。「Change is future（変化は未来）」ともいえるでしょう。変化のない未来はありません。現在私たちは、近い将来に私たちの命を決定してしまうほどの大きな困難に直面しています。

世界の総人口は、およそ七〇億人にまでふくれあがっています。同時に、利用できる天然資源には限りがあることを認識する必要があります。人口爆発がつづけば、天然資源はすべての人にいきわたりません。これは大きな問題です。また、大気が受け入れられる排出ガスにも限りがあります。私たちはすでに地球の生態系のバランスに

過剰な負担をかけ、種の絶滅、温室効果、各地の水不足といった深刻な結果を招いています。

人間がいなければ、地球は元気になるでしょう。私たちみんなの母である自然は、今にも堪忍袋の緒が切れそうだと、ますますはっきりと子どもたちに示しています。でも、私たちが変わることのできる見込みはまだきっとあります。

また、早急に貧富の差の解消に取り組む必要もあります。富や物質的財産の分配が不平等なので、人間社会では裕福に暮らす一握りの人がいるいっぽうで、空腹をがまんするどころか餓死してしまう人もいます。こうした不平等な分配は、道徳的でないだけでなく、実際的な面でも大きな問題を引き起こします。

自由についても同じことがいえます。世界の多くの地域に自由がなければ、そのほかの地域にも真の自由はありません。すべての人にではなく、ごく一部の人にしかない自由は、ほんとうの自由ではなく、ほかと比べて自由であるにすぎません。

だから、二一世紀を生きることに試練がないわけではありません。むしろその逆です。人間はみんなで地球をわけあっているので、おたがいに調和と平和のうちに生きることを、そして自然と調和して平和に生きることを学ばなければなりません。それは夢であるだけでなく、絶対的に必要なことなのです。

みんなが未来に責任をもつ

はっきりしているのは、地球規模で解決策を見つけなければならないということです。個人の幸福や健康は、世界的なできごと全体にますます左右されるようになってきています。人類が生き残れるかどうかは、地球の運命と、あらゆる生き物の共同体に対してみんなが責任を感じ、きちんと行動できるかに大きくかかっています。普遍的な責任に対する意識が、世界平和や、資源の公平な分配や、環境保護の基盤となります。

僕が属する古い世代は、この世に別れを告げる準備をしています。若者は、未来に対する責任を引き継ぎ、責任を果たしていかなければなりません。ほかの人に対し率直に接し、手をさしのべ、心をくばり、どんなちがいがあっても仲間意識をもってください。

幸福を求める七〇億人

七〇億の人間や、いうまでもなく無数の動物や昆虫も、みんな幸せになりたいと思っています。幸福を求めるのをじゃまされたいとは、誰も思っていません。これに関して、すべての生き物は根本的に同じです。

僕はまちがったことを言っているでしょうか。みなさんは幸せな人生を送りたいですよね？　僕もそうです。僕がみなさんくらいの年齢のとき、とにかく勉強したくなくて、自由な時間や休みばかりだったらいいのにと思うことがありました。私たちが内面的価値を高めなければ、幸せな世紀をつくりだすことはできません。

頭と心　どちらも大切

教育の目的は、みんなが共通にもっている願い、つまり幸せな人生を送るという願いを実現できるようにすることです。教育自体は、そのための手段にすぎません。この手段を、つまり私たちが習得した知識を、破壊的にもちいるか、建設的にもちいるかは、私たちしだいです。

人類史において、人間にとてつもない不幸をもたらした人、そのうちの何人かはドイツ人だったわけですが、そうした人はすばらしい知力をそなえていたことが知られています。賢い頭脳は、かならず思いやりのある心でバランスをとらなければならないことがわかります。みなさんそれぞれの幸福にとってさえも、よい心はとてもたいせつです。公民権、社会福祉、政治的自由、宗教などの分野で、世界的に偉大な成果とみなされているものが発展するさい、鍵となったのは、よい心でした。これは、人類の歴史によって証明されています。

これについて、みなさんに僕自身の経験をお話ししたいと思います。僕は一六歳で自由を失いました。二四歳のときに自分の国を去らなければならなくなり、それ以来、故郷に戻ることができません。それから五五年のあいだに、その地では数多くの悲劇が起こりました。この長く、とてもつらい時期に、僕は慈悲に大いに助けられました。

みなさんの国ドイツでも、たくさんの不幸がありました。第二次世界大戦だけをみ

ても、言葉ではいいあらわせないほどの苦しみが生まれました。戦争の犠牲者はもちろんのこと、ドイツ人も苦しみました。国は破壊され、戦後は食べるものにも事欠きました。前向きな姿勢と意志で協力し、祖国をたてなおすことができたのは、ドイツの国民の努力があったからです。再建には、もちろんほかの国々も支援してくれました。けれども決定的だったのは、ほかの人々を気遣い、国の再建に力を尽くそうとする、ひとりひとりの覚悟でした。

終わった過去

過ぎ去った時間の経験は心の中だけにとどめ、願わくはそこから学ぶことができます。二一世紀ははじまったばかりです。未来はまだ何も決まっていません。たいせつなのは、未来とはやすやすと通過できるものではないと理解することです。私たちは未来をつくりあげることができます。平和は正しい行動から生まれます。

いっぽう、たとえば紛争が起きれば、心のありようが変わってしまう可能性があります。二〇世紀は殺りくと暴力の時代でした。歴史学者は、二〇世紀に二億人以上の人々が戦争で殺されたと考えています。二度の世界大戦、朝鮮戦争、ベトナム戦争があり、さらに、数え切れないほどの内戦で、同じ国の人どうしが戦いました。二億人以上、これは現在のドイツに住んでいる人口のおよそ三倍です。

あっさりと命をうばわれたのは、お父さんであり、お母さんであり、子どもたちでした。戦争の暴力は、あらゆる人々に筆舌に尽くしがたい苦しみをもたらしました。戦争が生みだすのは犠牲者だけです。殺された人は犠牲者であり、殺人に追いやられた人も、多くの場合、同様に犠牲者なのです。

人類はみな兄弟姉妹

ビジョンについてお話しましょう。人口の増加と技術の進歩により、世界はずいぶん小さくなったと思います。私たちみんながおたがいに依存しあっていることは、たとえば気候変動や世界経済を見ればわかります。人里はなれた地域での出来事が、地球の裏側にまで影響を及ぼします。

世界をひとつの単位として考える時代がきています。七〇億の人間を自分たちの兄弟姉妹とみなすには、連帯感をもつ必要があります。私たちはみんな同じであり、たったひとつの家族の一員です。世界全体の問題が、自分の問題となります。当然ながら、現在地球上に七〇億という大勢の人間が住んでいるため、あらたな問題も生じています。自然災害に立ち向かわなければならない人たちもいます。自然災害はかならずしも人間の行ないによって引き起こされるわけではありません。それに対し、暴力や戦争は、それが家族レベルであれ社会レベルであれ、つねに私たち人間が原因となっています。けれども、おたがいに殺し合う理由などまったくありません。

意見の相違は当たり前　戦争や暴力はあってはならない

私たちが内面的価値をいっそう高めないかぎり、よりよい未来は訪れません。健全な精神は、私たちが家族や友人とおたがいに仲よくし、みんながうまくやっていくための基盤です。紛争をちがうやりかたで避けることを学ばなければなりません。人間である以上、紛争の火種となりかねないさまざまな意見や利害関係がたくさんあるのは当然です。おたがいの意見がときには異なるのも当たり前のことです。

そうした困難に対処しなければならないときは、私たちみんなが兄弟姉妹であることを思い出しましょう。私たちはみな同じ人間家族の一員であり、人間であることや人間性について同じ権利をもっています。私たちはひとつなのです。みなさんだって自分の兄弟姉妹を殺すことはできないでしょう。

よりよい道へ

紛争のもとになりかねない衝突が生じたときには、いつでも人間的な方法で、つまり話し合って解決しなければなりません。暴力や圧力は正しい手段ではありません。おたがいに耳を傾け、相手の意見や利害に配慮し、相手の問題に共感しようとする必要があります。破壊的な方法で対応するのではなく、対話を行なうことがたいせつです。

対話では、自分の意見をがむしゃらに押し通そうとせず、おたがいに話し合いを進めます。相手の話をきちんと聞いて、相手の権利や意見を尊重します。こうすることで、おたがいに歩みより、できるだけ共通の妥協点を見いだすことができるのです。これが唯一の方法です。そうすれば、今世紀を平和の世紀にすることができます。

仲直り　争いのあとまた友だちに

みなさんの多くが、ときに言い争いやけんかをしたりするのではないでしょうか。僕自身、もっと小さかったころ、そう、四歳くらいのときに、二歳年上の兄としょっちゅうけんかをしていました。けんかのときは、ものの見事に乱暴者になりました。爪を武器にして、兄を思い切りひっかいていました。けれども、けんかをしたあとはいつでも、二、三分もすればまた仲よく遊んでいました。ちょっと争って、数分たてばすべて忘れ、またいっしょに遊ぶ。そんなことはまったく当たり前のことです。けれども、大人の場合、そうはいかないことが少なくありません。あからさまに争

HAVE
FUN
BE
HAPP

ったりせず、怒りを心に秘め、何年もあとになって機会が訪れたときに、全力で打ってかかる人がたくさんいます。これは正常ではありませんし、とても悪いことです。さまざまな意見があるのは当たり前ですし、腹が立つのは人間ですから仕方ありません。けれども、ちょっと争って、それから仲直りし、また親しくつき合うほうがずっとよいと思います。

私たちはみな、この地球の訪問者、つまり客人にすぎず、ここに滞在する時間は限られています。この短い時間を、仲間とけんかをして、孤独で不幸に過ごすのは、おろかなことではないでしょうか。それより、ほかの人々と連帯感をもち、みんなの幸せに力を尽くすほうがはるかによいことです。

普遍的な道徳原則

人類の地球規模の問題は、基本的な人間的価値を高めないと解決できません。学年が上のみなさんの多くは、すでにそうしたことに関心をもっていますね。とりわけたいせつな倫理の規範について、もう一度お話しましょう。
「短期的に得でも、長い目でみて得でなければ避けたほうがよい。短期的にも長期的にも自分にとって、そしてほかの人にとってもよいものであれば、あらゆる難関を乗り越えてそれに取り組むとよい」。これが普遍的な道徳原則です。

だいじなのは宗教ではない

何らかの宗教に属しているか、神を信じているか、あるいは無宗教かは重要ではありません。現在の世界では、人間が全体として倫理基準にしたがって行動することがだいじなのです。

すべての宗教が、人はどのように人生を送るべきかについての考えをもっています。けれども私が関心をもっているのは、宗教に依存しない世俗の倫理を伝えることです。それは、宗教の影響を受けない、科学的な認識と良識にもとづく倫理です。もちろん、世俗の倫理が宗教に勝るという意味ではありません。そうではなく、宗教的価値観はその宗教の信者のみにかかわるのに対し、普遍的な非宗教的倫理は人類全体に当てはまり、誰ひとりとして除外されません。ほぼすべての人がこの価値観を受け入れることができます。

結局のところ、大きな宗教には似たような基本的な価値観があります。思いやりと寛容というメッセージは、あらゆる宗教でみられます。キリスト教徒であろうとイスラム教徒であろうとユダヤ教徒であろうと仏教徒であろうと無宗教であろうと関係ありません。七〇億人のうち一〇億人以上が、自分は信仰をもっていないと言います。神を信じていなくても、みな親切で友好的な人間です。

じっくり考えよう、自分自身についても

これまでの人類史は、人間の否定的な思考や肯定的な思考がどのような結果をもたらしたのかの記録です。これまでよりもすばらしい、幸福な未来を望むのであれば、今こそ、みずからの精神状態をつぶさに観察するときです。現在の私たちの態度によ

って、未来にどんな生活環境が生みだされるかをじっくり考える必要があります。否定的な態度から、すべてを支配するどんな力がもたらされるかということは、どれだけ強調しても足りません。

自分でじっくり考えてみてください。倫理は自制心と大きくかかわっています。そして自制心には、みずからの行為の悪い結果とよい結果にしっかり向き合う意志の力と心の態度が必要です。そうしたすべての土台となるのが、よい自己意識です。正直で公正であれば、よい自己意識がはぐくまれます。これがかなめです。

楽しくハッピーに！

もちろん、みなさんは楽しくすごしたり、友だちと会ったり、幸せであってよいのです。同時に、世界全体の進みかたに目を向けておくとよいでしょう。ちゃんと将来にそなえておくことがたいせつです。

どうすれば困難を乗り越えられるか

ここでもう一度まとめておきます。教育や学習が知識をもたらします。そこでだいじなのが分別です。これはもちろん意味のあることです。けれども、内面的な強さは、慈悲、思いやり、正直さ、意志の力によってつちかわれます。

地球やあらゆる生き物に親切にしましょう。知識と内面的価値をこのようにあわせもっていれば、あらゆる困難を乗り越えることができます。これが、二一世紀の世代のみなさんに対する僕の願いです。

*

心にひびいたメッセージ

ダライ・ラマと個別に会うことができた若者たちは、かならずといってよいほどダライ・ラマのメッセージに感激している。そのメッセージに後押しされて、おどろくような認識を得たり、ものすごい決心をする人もいるほどだ。一二歳から一七歳のドイツ人とアメリカ人の生徒の言葉をここにいくつか紹介しよう。

ジョナサン　よい心をもたないずる賢い人はとても危険だ。

ミーガン　私たちの世界はピンチです。他人に任せきりで何もしない人に責任があります。思いやりの心が広まるようにがんばらないといけません。

ダーク　ダライ・ラマの話を聞いて、誰もがみんなのことを思いやって、傷つかないように守ってほしいという気持ちになりました。

ニコラス　世界の将来がぼくたちの肩にかかっているということが初めてはっきりと

わかりました。

パッサン　学校では、数学だけでなく、暴力によらない思いやりのある付き合いについても教えることがだいじだと思います。暴力とは、武器や戦争だけではないと思います。ほかの人をいじめたり、横暴な態度をとることも暴力です。

クリスティーナ　私たちは自分が何を実現したいかについて、じっくり考えなければなりません。みずから始めないといけません。

ニーナ　みんな団結して、心の平和を尊重しないといけません。

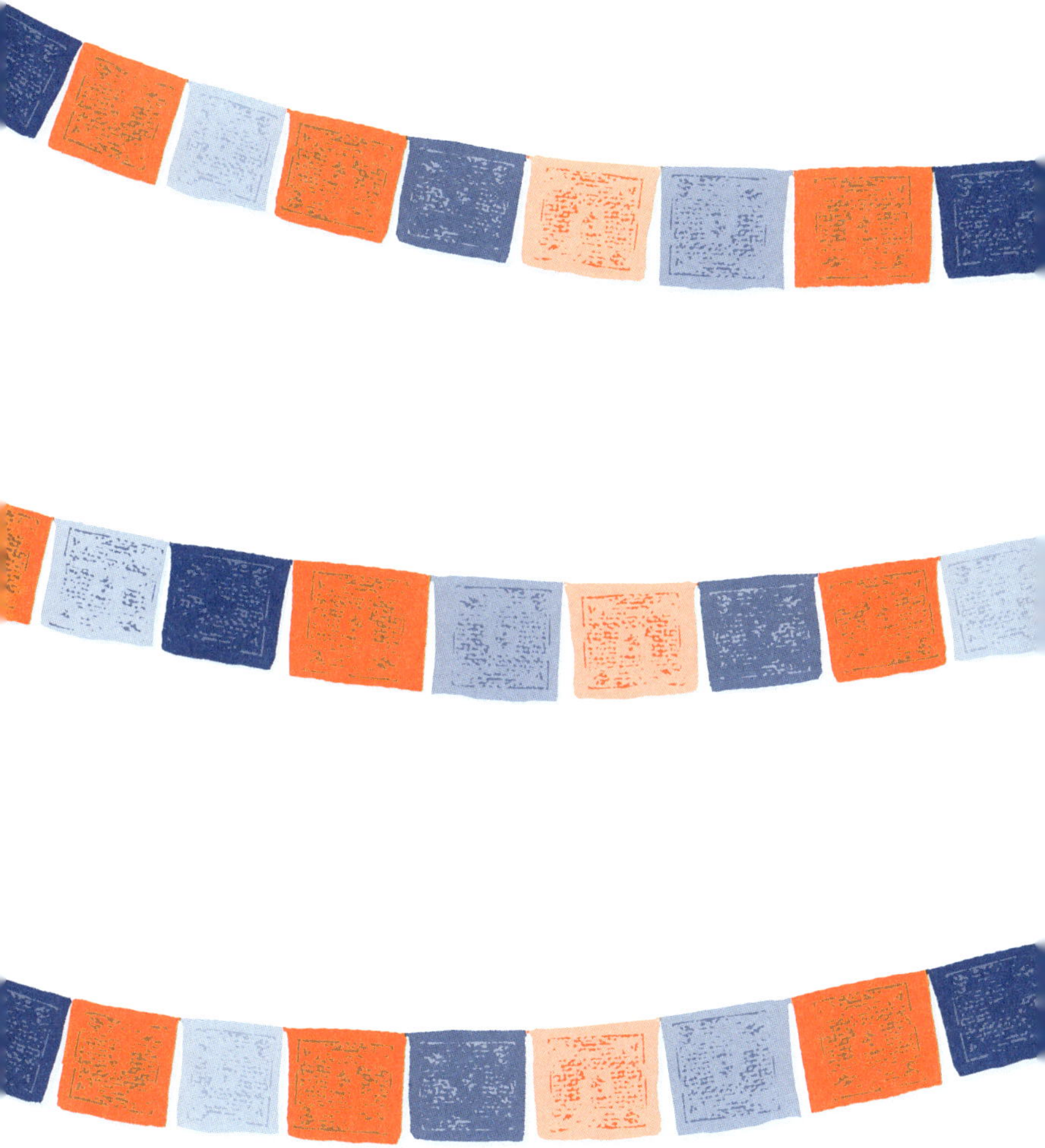

［2］ダライ・ラマへの質問　内面的価値とよき人生について

一本のろうそくで何千本ものろうそくに火をつけることができる。
それで最初のろうそくの寿命が短くなることはない。
幸福は、分かちあうことで決して減らない

（仏陀）

――どうすれば人生を、いちばんじょうずに送ることができますか？

僕はこれまでの人生でさまざまな経験をし、世界中のすぐれた学者や思想家や哲学者とたくさん話をしてきましたが、そこからたどり着いた結論は、「よい心」を育てるのがとてもだいじだということです。よい心をもっている人は、他者を助けたいという気持ちをもとに行動します。人間存在の真の本質は、善です。教育や知識によってつちかわれるほかの資質もたしかにありますが、人がほんとうに人間らしく生きるためには、そして自身の存在に意味を与えるためには、よい心をはぐくむことが不可欠なのです。

　温かい心をもつと、肉体面や精神面でもよい効果があります。他者との関係も、より幸福なものになります。医学の世界では、精神の安らかさと肉体の健康がじかに結びついていることがわかってきています。肉体の健康度は、その人がどれだけ温かい心をもっているか、どれだけ他者に共感できるかにとても大きく左右されるのです。複数の研究から明らかになっているのですが、他者にも自分自身にも注意深く向き合い、気持ちを上手に汲《く》むことのできる人は、血圧の上昇や頭痛などのストレス反応が起きても、短い時間で正常に戻るそうです。

　温かい心について、例を挙げて説明しましょう。君たちのなかで、お父さんやお母さんから叩かれたことのある人はいますか？　いますね？　僕もあります。僕のお父さんはすぐ怒り出す人だったので、そういうとき、「びんた」をされたものです。でも、お母さんからそういう罰を受けたことはありません。僕のお母さんはとても心が温かくて、愛にあふれた人でした。お母さんの怒っているところには、一度も接したことがありません。

ご両親が君たちに笑いかけて、抱きしめてくれたら、どんな気持ちがするかな？　そういう日はきっと学校の勉強もうまくいきますね。それは君たちがとても幸せな気持ちでいるせいです。逆にお父さんやお母さんから叱られた日は、学校の勉強もなかなかうまくいかないし、やる気もわいてこない。そして悲しい気持ちになってしまう。

それぞれが愛情と温かい心をもってまわりの人と接していれば、ものごとは明らかに、うまくいくのです。

ですが、温かい心や親切な心をもつことは、残念ながらまだ万人にとって当たり前ではないようです。僕は最近、ここドイツでこんな経験をしました。ある行事に行くために、車の中にいたときのことです。僕がここに来たときのようすをみんなも見ていたと思いますが、車の中からも僕は、通りがかりの人に挨拶をします。その日、僕の乗ったリムジンの前を通りすぎようとした女性に、手を振って挨拶をしました。彼女は無反応でした。僕が微笑みかけると、相手はもっといぶかし気な顔でこちらを見返しました。女性はこう考えているように見えました。「変ね、どうして私に笑いかけてくるのかしら。なんだか気味が悪いわ」。残念なことですね。これでは人と人との距離は広がるばかりです。

親切心は信頼から生まれます。信頼は開かれた心から生まれます。そして、「相手が親切に接してくれる」という前提があれば、私たちは開かれた心をもつことができます。それぞれが共感と思いやりをもって正しく行動すれば、人間はおたがいに調和して生きられるのです。これは、友人、家族、仕事の仲間、そして村、都市などの共同体や、国、さらには世界全体に至るまで、あらゆる形の人間社会に通じます。いま人々に必要なのは、愛と共感にもとづいた普遍的な責任をはっきり認識し、問題に全力で取り組むことです。

――どうすれば、温かい心をもてるようになるでしょうか?

他者から愛されることで人間は、温かく親切な心を身につけます。人間は社会的な生き物です。だからまず重要なのが、母親の愛情や家族全体の愛情です。真の愛情を経験することは、このうえなくたいせつです。赤ちゃんが生まれたら、たくさん抱っこをしてあげないと脳がきちんと発達しないことは、すでにわかってきています。大半の母親は、本能的にこの正しい行動がとれます。家族から温かい心と愛情を注がれて育てば、子どもは幸福になるうえ、健全な自意識をはぐくむこともできるのです。

この点、僕自身がよい例といえます。いま僕が温かい心をもてる大きな理由は、せんじ詰めれば、母親が愛情深く接してくれたからです。お母さんは僕の知るかぎり、誰よりも善良な人でした。心がとても温かくて、おそらく彼女のことを知るすべての人から好かれていました。僕には特別な愛情をかけてくれました。僕が末っ子だったからです。もちろん世の母親は自分の生んだすべての子どもを愛しますが、いちばん最後に生まれた子どもは少しばかり多くの愛情や好意を母親から寄せられることがよくあります。僕もお母さんからとても甘やかされていました。だから、腕白をすることもありました。うんと小さなころはよくお母さんの肩に乗って、あちこち運んでもらいました。行きたい方角は、お母さんの耳を引っ張って教えました。右の耳を引っ張れば、「右に進め」。左の耳を引っ張れば「左に進め」。命令した方向に進んでくれないと、僕は泣いて、小さな足をばたばたさせました。

私たち人間には誰かを抱きしめるための腕はあっても、猛獣のような鉤爪はありません。猫の爪だって、人間のよりは鋭いでしょう？　人間の手は、何かを打つよりも撫《な》でるのに適しているのです。そこからわかるのは、人間が基本的には攻撃の生き物ではなく、平和の生き物だということです。みなと一緒に働いたり、協力しあったりするのは、人間の自然の理にかなっているのです。

——どうすれば、人間は幸せになれるのでしょう？

仏陀の教えには、幸福への道が記されています。ですが、幸せな生活の保証や未来の保証はありません。そのことを、はっきり認識する必要があります。私たちはただ、幸福でありたいと願うだけです。重要なのは、希望をもちつづけることなのです。何かがうまくいかなくなる本当の原因は、希望の欠如です。希望を失った人は短命になるし、最悪の場合、自分で命を絶ってしまいます。もし、幸福を実現したいという気持ちが十分にあれば、苦しみはきっとなくなるのではないでしょうか。苦しみをすすんで願う人はいないのですから。

――幸せになるための、いちばん重要な要因は何ですか？

それについて、ちょっとおもしろいお話をしましょう。若い人たちがとくに「幸せだ」と感じるのは、きっと、ディスコに行ったり、音楽を聴いたり踊ったりするときですね。僕がいつだったかベルリンに宿泊したとき、ホテルの向かいに、ライトショーが売りもののナイトクラブがありました。僕はいつも、夜の七時ごろにはもう眠ってしまうのですが、そのクラブはちょうどその時間から色とりどりの照明がつき、音楽が流れはじめました。そして、僕が朝の三時半に目覚めて瞑想を始めたとき、あちらはまだ騒ぎの真っ最中でした。人々はとても楽しんでいるように、そして幸せそうに見えました。

僕の考えでは、幸福になるためにはさらに、内なる平和を乱すものに注意を払うことが、とても重要だと思います。

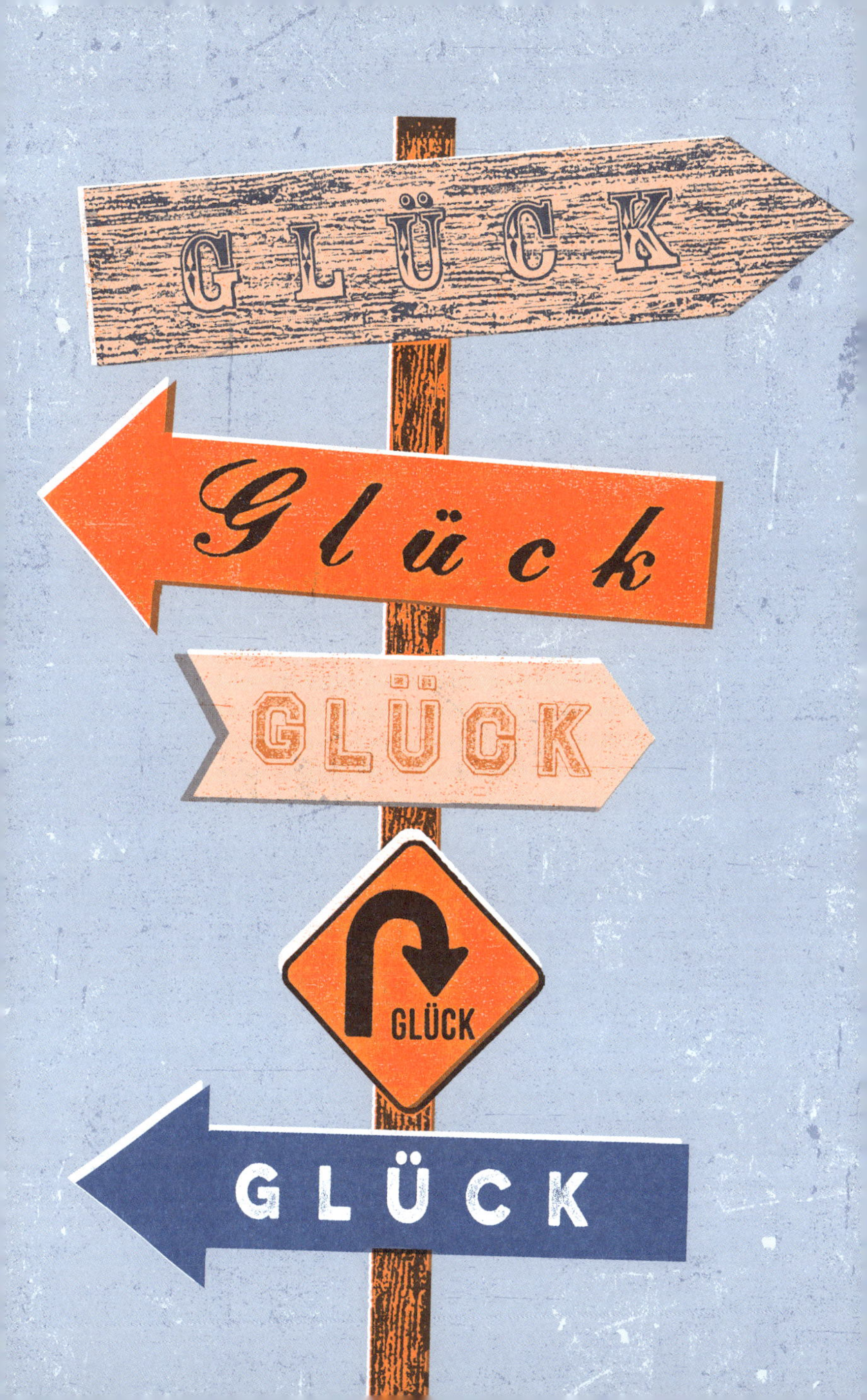
GLÜCK
Glück
GLÜCK
GLÜCK
GLÜCK

――内なる平和とは何ですか？　どうすればそれが手に入りますか？

悲劇や問題に見舞われたばかりでも、落ち着いた心を保つのは可能です。内なる平和を会得した人はそれを理解しています。精神が乱されなければ、落ち着いてリラックスできるのはごく当然のことです。これは動物でも同じです。ただ私たちは、人間だけにそなわった知性を用いて、難局でも心の落ち着きを保てるよう鍛錬しなくてはいけません。そのためには自分への信頼と、よい心がなければなりません。

よい心が育つのは、自分だけでなく他人の幸せを思うときです。たいせつなのは他者を、そして自分が生きている社会を、心から思いやることです。そうすると、人生を正直に送り、自分への信頼を養うことができます。また、誰かから批判をされても傷つきにくくなります。悩みの原因である誰かの幸福をさえ、願えるようになるでしょう。

そのために学ばなければならないのは、行為そのものと行為者とを切り離すことです。誰かの行為を批判し、対抗策を講じる必要も時にはあるでしょう。けれど、それでも相手は人間という存在――つまり、私たちの兄弟姉妹です。だから、その人の心境も考えてほしいのです。これが、動物と人間との差です。私たち人間は、行為と行為者をきちんと分けて考えることができる。動物にはそれができません。

でも、僕もたまには怒ったり我慢がきかなくなったりすることがあります。たとえば、僕はダラムサラの庭で鳥に餌をやるのが好きなのですが、タカがときどき小鳥を殺してしまうのです。あまりに腹が立つと空気銃をもちだして撃つこともあります。大丈夫、殺生《せっしょう》はしませんよ。ちょっと脅かして、お灸《きゅう》をすえるだけです。

つらい知らせや悲しい知らせを聞くと、僕もしばらくは気持ちが沈みます。人間ですからね。でも、修行や瞑想を長いあいだ積み重ねたおかげで、全体的に安らかで落ち着いた心を保つことができます。感情というものがどんなふうに生まれるのか、僕にはわかります。いろいろな感情が生まれるとすぐにそれに気づき、それぞれがどんなふうに関連しあっているかを見て取れます。それは、科学のようなものです。何かの感情――たとえば怒り――がいつ自分の中にわいてくるか、それがどこに行きつくのか、僕には理解できます。それはいわば一種の科学であり、それを発展させられれば長期的には内面の平和が手に入るのです。

――いったいどうすれば、自分がひどい目にあっているときに、相手への怒りではなく思いやりを感じられるようになるのでしょう？

僕はそういうとき、僕に怒りを向けているその相手もやはり人間なのだと思いだすようにつとめています。誰かが僕に怒りを向けるにはさまざまな理由があるでしょう。でも、怒りは最初からそこにあったわけではないはずです。相手の怒りに染まり、怒りに怒りで応じていたら、どこまでいっても終止符は打てません。

僕はつらい状況にあっても、正直さと誠実さと思いやりをつねにもとうと努力します。厳しい状況をよいほうに変える可能性は、いつもかならずあります。その可能性に向けて、健全な人知を注ぎ込まなければなりません。

僕はチベットのある地方の生まれです。そこの男たちは短気で有名です。僕も年若いころは、けっこう気が短いほうでした。でも今では、心の中が昔よりはるかに安定しています。ときどき心が乱れても、すぐに平常心を取り戻せます。怒りの感情がわいてくると、こんなふうに頭を整理します。「この感情は、問題を解決するうえで何の役にも立たない。それどころか、問題をずっと大きくしてしまうぞ」と。

怒りに襲われているとき、人はうまく思考できません。僕自身、否定的な感情がほとんど何の役にも立たないことを、身をもって経験してきました。人間は強い感情にさらされているとき、自分の行動の結果を正しく評価できません。そういう状況にあるとき、人間はふつう、あまり賢くはふるまえないのです。怒っていると、知性は頭のどこかに隠れてしまいます。でも、怒りから解放されると、状況をよりよく分析することができます。笑ったり喜びを感じたりしているとき、知性はよりよく働いてくれるのです。笑顔の人は、考えるのがじょうずだともいえます。

すでに言いましたが、だいじなのは「怒りを交えずに、話し合うこと」です。おたがいに意見を交わしつつ、相手に手も差し伸べること。どんなときも、これが問題を解決する最良の方法です。怒っているとき、人は相手を傷つける言葉をすぐに口にしてしまいます。そして怒りが消えたあとで、そんな言葉を口にしたことをしばしば後悔するのです。

ちょっと科学の実験のように考えてみましょう。君たちの毎日の、さまざまな経験を心に思い浮かべてください。怒りの結果として起きたこともあれば、愛情や共感の結果として起きたこともあるのがわかるでしょうか？　怒りがネガティブな影響を引き起こすことや、思いやりなどの感情がポジティブな影響をもたらすことがよく理解できるでしょう?

それから、こんなふうに考えてみるのも役に立ちます。それは人間が、困難や辛い経験からも学べるということです。敵からさえ、人は何かを学べるのです。僕自身、困難な経験や敵対的な人々――たとえば、故郷にやってきた中国の占領者――を通して、とても多くのことを身につけました。その最たるものが、忍耐する力です。中国の占領者に憎悪で応じていたら、チベットの人々はおそらく敗北していたでしょう。だから彼らは、ひたすらに忍耐をしました。とはいえ私たちは、弾圧の不当性に対して抗弁するのをやめるつもりはもちろんありません。

――私はポーランドからドイツに来ました。どうすればここを、自分の国のように感じられるでしょう?

僕も同じく、故郷なき身です。僕は一九五九年に、自分の国を離れなければならなくなりました。一九五九年三月一七日の夜の一〇時のことでした。そのときは、翌朝

Home is
where a
smile is

まで命があるかどうかさえわかりませんでした。それ以来、チベットには一度も戻ることができていません。そのことで悲しい気持ちになったときは、チベットのこんなことわざを心の支えにしています。それは「あなたが幸せでいられる場所は、どこでもあなたの故郷だ。人々があなたを愛してくれる場所には、あなたの両親がいる」というものです。僕は自分のことを世界市民だと考えています。どこであろうと人々が笑いかけてくれるなら、その場所は僕にとって故郷なのです。

――若者に向けて「思いやり」をテーマに話をすることが、なぜあなたにとっては重要なのですか?

答えはとても簡単です。時間というものは、ほんとうにあっというまに過ぎてしまいます。過去はもう戻りませんが、未来がどのように進むかはある程度ですが、私たちの手の中にあります。すべての人間の行動は本来、善に向かっているべきですが、残念ながら現実はそうでないことがしばしばあります。その原因は、一種の確信的な無知、そして誤ったものの見方にあります。

だからこそ僕は、思いやりのある若い世代の人々に広い視野と広い知識をもって、これまでとはちがうやり方で現実に立ち向かってほしいのです。若い人々は、ともに生きる仲間やすべての存在に大きな尊敬を抱けるようになるでしょう。僕らの世代の人間は、この地球上にさまざまな問題をもたらしてしまいました。その問題を解決する責任を、若い世代に引き継いでもらわなければなりません。これが、君たち若者に僕がこうして話をするひとつめの理由です。

ふたつめの理由は、君たちが精神的にも肉体的にも成長の途上にあり、どんな面をとっても若いということです。今、私たちが直面している問題のほとんどは、人間自身によってつくりだされたものです。もちろん誰が望んだわけでもないにせよ、残念ながら現状では、問題はさらに増加しつつあります。前にも言ったように、多くの人は広い視野をもたず、そのために問題を、しばしば自分たちの目の前でさらに大きくしてしまいます。

僕の感覚では――もしかしたらまちがっているかもしれませんが――よりよく思考するのは若い人のほうがおそらく得意です。古い世代の人間の思考法は、固まっています。彼らはその古い思考で問題に対処しようとします。でも、現実は変化します。

一瞬一瞬変化するときもあるし、どんなに長く見積もっても一〇年たてば変わってしまっています。若い世代の人はその点、現実を苦もなく新しい角度から眺めることができます。包括的なものの見方をするのも総じてじょうずです。

それにもちろん、いつも年寄りの顔ばかりを見ているより、若い人々の顔を見たほうが僕もずっと楽しいですからね。

――感情とうまくつきあうことができるようになるには、どうしたらいいですか?

僕はこのごろよく、学校で実利的なことばかりでなく、精神や感情などの内面的な価値についても教えられないだろうかと考えています。こんにちの教育システムは実際的な知識の獲得が第一で、脳の知的能力の向上ばかりにかまけ、「心を育てる」ことがなおざりにされています。衛生というテーマを例にとると、学校で教えるのは、どのようにして肉体を健康に保つかという話ばかりです。心や精神の衛生についての授業は行なわれません。

ばい菌を遠ざけ、病気に伝染しないようにみなさんは、いつも定期的に手を洗うでしょう？　それと同じで、憎しみや怒りや不安などの負の感情を心からきれいに掃除してみてはどうでしょう？　感情の状態や精神の状態を定期的に自覚するのは、だいじなことです。それによって、自分の心の地図のようなものを作ることができます。僕はそのために瞑想をします。瞑想によって内面の世界に意識を集中し、自分をよりよく知ることができるのです。たいていの人は、瞑想のとき目を閉じています。そうすると、自分の考えや感情をよりよく認識できるからです。

自分を損《そこ》なうような感情にじょうずに対処する方法は、ほかにもあります。たとえば尊大になったり高慢になったりしたとき、問題や悩みをあえて認識して、現実の大地に自分を引き戻すようにするのもそのひとつです。逆に、落ち込んだり勇気を失ったり、途方に暮れたり暗い気持ちになったりしたときは、自分の中のポジティブな面やよい出来事に意識を向けることがだいじです。そうすると、事態はふたたびよいほうに回っていきます。

――なぜ人は、頭ではよくわかっているのに、何度もくり返し非倫理的な行ないをしてしまうのでしょう？

怒りや妬《ねた》みなどのネガティブな感情はしじゅう私たちの心にわき起こってきて、倫理的もしくは道徳的にふるまおうという努力を妨げます。だからこそ、自分の精神を鍛えるのが重要になるのです。

――内面的な世界と外面的な世界は、どちらが重要でしょうか?

どちらもとても重要だと思いますよ。人間が生きのびるためには、外的世界の中で適切な環境がなくてはなりません。栄養も必要だし、眠るための場所や衣服も必要でしょう。いっぽうで愛や情といったものも、とてもたいせつです。人間は社会的な生き物ですから、一人ぼっちではうまく生きられません。でも、外的な世界において幸福で満ちたりた生活を手に入れるには、まず、自分の内側にそれを確立することです。人間は内面が落ち着いていると気持ちよく感じるし、物事をいろいろうまくこなせます。よい心や他者への共感、そして愛情は幸福の源だと僕は確信しています。こうした資質があれば、内面世界の平和を手に入れることができます。

同じことは、私たちのまわりの平和についてもいえます。内面の世界をおろそかにし、心の平和を得られなければ、外的な世界でも平和を望むことはできません。怒りや不安や苛立《いらだ》ちなどの悩ましい感情にしじゅうさいなまれている人は、外の世界の平和にも、わずかしか貢献ができないでしょう。

世界全体の平和とは、個々人の平和から生まれてきます。ふだんから落ち着いていて、内面の平和を保っている人は、ともに暮らす人々に対してもきっと開かれた心をもっているはずです。それこそが、世界の平和の基礎です。私たちが願う平和は、多くの人が内なる平和を手に入れたときにこそ実現するのです。

［3］平和と正義についての質問

——言葉による攻撃や肉体的な攻撃を受けたら、どうすべきでしょう？

状況や事情しだいですが、まず必要なのは、自分の身をうまく守れそうかどうかを見極めることです。十分チャンスがあると思えば、自分で自分の身を守る。そうでなければ、ともかく安全な場所まで逃れることです。逃げるほうが正しいケースはときどきあります。

たとえば、ラサにある夏の離宮ノルブリンカで昔こんなことがありました。祈祷部屋の近くにいつも、大きな犬がつながれていたのですが、僕が祈祷に行こうとその場所を通ったとき、誰かがつなぐのを忘れたのか、その犬が唸《うな》り声をあげながらこちらに突進してきたのです。大型で獰猛《どうもう》な犬でしたから、僕は一目散に逃げ出しました。それを見ていた先生から翌日、「君があんなに速く走れるなんて知らなかったよ」と茶化されてしまいました。

――世界が平和であってほしいと私は願っています。そのために私たち子どもは何ができるでしょう？

いつもお話していることですが、争いの種はいつでもどこにでも存在します。私たち人間が存在するかぎり、利害や見解の相違は存在しつづけるでしょう。そして人間には、自分を中心にものごとを見る癖があります。そこにこそ、争いごとの種が眠っています。

君たち子どもがやるべきなのは、「平和な世界とはどんなものか」というビジョンを育てること、そしてそのビジョンにふさわしい行動をとることです。おたがいへの思いやりに満ちた平和な世界に生きることが、君たちにはできるはずです。それは、君たちの責任でもあります。君たちは、二一世紀の世界に生きる世代なのですから。

個人的な世界の中でも、平和のために君たちができることはたくさんあります。平和とはたんに、騒乱や暴力がない状態だけをさすのではありません。もしも家族や友だちどうしで争いが起きたら、君たちはできるだけ暴力に頼らずに、平和的な解決のために全力を尽くすでしょう。真の平和はそうやって生まれるのです。

問題や戦争は、神やアラーや仏陀に起因するのではなく、人間が引き起こすのです。よそに頼っては、決定的な変化は望めません。天に祈っても、あるいは瞑想をしても、それで状況が変わるわけはありません。そんな考えは非現実的です。もちろん祈りは無意味ではありません。限定的ではありますが、たしかに効果はあります。ですが、平和は天から降ってくるものではないのです。

いちばん骨を折るべきは人間自身にほかなりません。平和を手にするためには私たちが何かをしなければならないし、平和的な解決のために働かなければなりません。争いごとに対する最適な対処は対話をもつことです。暴力の行使ではけっしてありません。

――なぜ、人が飢えで死ぬのを防ぐことができないのでしょう？

多くの人々が、他人の災難をわがこととして感じられないからではないでしょうか。私たち人間はあまりにも自己中心的すぎて、他人のために何かをすることにはさして関心を払いません。君の言う飢餓《きが》についての話はたとえていえば、目の前で誰かが心臓病で倒れたとき、見て見ぬふりをするのとさして変わりがありません。恐ろしいことです。動物ですら、仲間のぐあいが悪くなれば思いやりを示すのですから。

――豊かさを世界中の人々で公平に分けあえるようなシステムは存在するでしょうか？

豊かさは、みなで等しく分けあわなくてはなりません。地球上の七〇億の人々がそれぞれ幸福になってはじめて、世界という社会全体でも幸福になれるのです。この「全体」と「七〇億の人々」の両方を、考慮に入れなくてはなりません。個々が幸福になってこそ、全体は幸福になれます。ふたつは、切り離された別々のものではありません。

僕の考えでは、地球の人々が全体として幸福になるためには、かならず個々から始めなければなりません。それぞれの人が、自身を幸せにしなくてはなりません。それは精神のありようから始まります。おだやかな心をもつ人は和《なご》やかな家庭を築き、そうした家庭が一〇〇個集まれば、平和な社会ができます。その連鎖がどんどん続けば、最後には世界全体まで行きつきます。不可能な話ではありません。全体と個人は切っても切れない関係にあるのですから。

社会ではときに、個が過度に重視されることがあります。個を強く押さえつけるのはたしかによくないことです。そうした社会では、個人の創造性が発揮されなくなってしまいます。ですが、人がみな個人の利益ばかりを考えている社会では、公正な解決策は見つかりません。経済のシステムや理論についていえば、僕は左派でも社会主義者でもありません。政治的に「右寄り」か「左寄り」かということは、じつはまったく重要でないのです。右でも左でも私たちはみな人間であり、万人に好ましい社会システムを育てるという共通の関心をもっているのです。

世界には、たとえばアメリカ合衆国のように貧富の差がきわめて大きい国がいくつ

もあります。貧富の差は、大きな社会問題を生むひとつの原因になります。倫理的な価値が経済においても重要であることが、そこからわかると思います。

——シリアの紛争について、どんな立場をとりますか？

とても悲しい出来事です。私たちに何ができるでしょう？　あのような事態を前に、私たちはほんとうに無力です。いくつもの大国や国連の力をもってしても何もできないのですから、人々にできることはさらに少ないはずです。

僕は、今起きている事態は過去のあやまちの結果だと分析します。もしも過去一世紀のあいだに軍縮が進み、国どうしの対話がもっと行なわれていたら、今ごろこんなに多くの武器は製造されていなかったでしょう。ここドイツでも、武器はたくさんつくられているのですよ。

そういう意味では、シリアの悲劇は私たちにもかかわりがあるといえます。もしも工場で戦車のかわりにブルドーザーやトラックがつくられていたら、世界から武器は消えていたかもしれません。すぐれた教育を受けた頭のよい人々が、平和的解決策を見つけるためにその頭脳を使っていたら、今ごろ世界はどうなっていたでしょう？世界の国々が巨額の予算を、武器のためではなく社会問題の解決のために用いていたら？

たとえばインドには貧しい人々がたくさん住んでいます。中国もそうです。けれどこの二つの国はいっぽうで、軍備のために巨額の予算を使っているのです。なぜそうしたお金を教育や医療やインフラのために、あるいは貧しい農民を助けたりするために使えないのでしょう？　戦争を望む人などいないのに、私たちは戦争を行なうために莫大なお金を費やしているのです。これは、無駄遣いではないでしょうか？

オサマ・ビン・ラディンに関する問題が始まり、二〇〇一年九月一一日に悲劇が起きてしまったころ、僕はよき友人であるブッシュ大統領と話をしました。僕は事件に対する悔やみの言葉と、哀悼の気持ちを伝えました。けれど、問題の暴力的な解決は望ましくないとも伝えました。僕はジョージ・ブッシュ氏のことをよく知っています し、彼の人間的な資質を高く評価しています。ブッシュ氏はすばらしい人です。しかし、彼の政策がもとでいくつかの問題が生じたのも残念ながら事実です。僕は彼に忠告していました。

「この問題には、将来を見晴るかして賢明な対処をするのが重要だ。さもなければじきに、ひとりのビン・ラディンから十人の、あるいは百人、千人のビン・ラディンが生まれることになるだろう、あるいはちがうテロリストが生まれることになるだろう」と。この種の問題は、両者がおたがいに敬意を払い、対話を通じて和解の準備をすることでしか解決しません。それが唯一の道なのです。

イラク戦争が始まってしまったとき、僕は心から悲しく思いました。戦争の勃発を防ぐために僕は、ノーベル平和賞の受賞者や高名な学者やその他の有識者——もちろんここには政府の代表者は含みません——にバグダッドに赴いてもらって、同地で関係者との会談や協議を開けないかと考えていました。そういう道をとっていたら、イラク戦争はあるいは防げたのではないかと思います。このことを僕は真剣に議論しましたし、ほかのノーベル平和賞受賞者に会ったときなど、さまざまな機会に人々に呼びかけてきました。けれど、残念ながら実現にはいたりませんでした。

ノーベル平和賞を受賞した人々はもっと積極的に行動すべきでないかと僕は強く感じています。こうした賞は、過去の業績を表彰するためだけに与えられるのではありません。戦争や紛争が起こりそうなとき、協調のために力を尽くすという責任を引き受けることでもあるのです。少なくとも、試みだけはしてみるべきでした。かりにうまくいかなくとも、失うものはないのですから。

僕こそがバグダッドに赴いて、戦争回避の努力をすべきではないかと考える人々も一部にいました。ですが、これはまったく非現実的な話だと言わざるをえません。あの地に何のつながりもない僕は、適役ではありません。僕はシリアにひとりの知り合いもいないのです。あの地に行っても、一杯のお茶をもらえるかどうかすらわかりません。そんな人物を送っても、おそらく無駄に終わったことでしょう。

——ウクライナの紛争について、解決のための提案は何かありますか？

難しい質問ですね。第一に言わなくてはならないのは、あの一帯について僕がそれほど多くを知らないということです。ときどき飛行機でウクライナの上空を飛んで、黒海を空から眺めたりはしますが、ウクライナの紛争や問題のほんとうの原因について僕は門外漢です。そんな人間が解決策を提案するのはとても難しいことです。

ウクライナ危機の原因が何であるかはともかく、はっきり言えるのは、いかなる場合も暴力に訴えるのは過《あやま》ちだということです。暴力では、問題はけっして解決しません。短期的になら成功をもたらすように見えるかもしれませんが、長期的にはかえって多くの問題を引き起こすだけです。暴力を行使する理由がたとえ前向きなものでも、それは同じです。

たとえば、アメリカのアフガニスタン派兵の目的は、民主主義を打ち立てることでした。暴力の行使は、どんな場合でも誤りなのです。ひとたび暴力に訴えると、その先に何が起こるかは予測不可能になります。これは、人間が暴力をコントロールするのではなく、暴力が人間をコントロールするという、暴力の本質に原因があります。最初のころは「少しだけ暴力を使おう」と計画していたとしても、その後、まったく予期していなかったネガティブな展開が起きれば、暴力の暴走が始まります。

暴力で他人の肉体を支配することは、あるいは可能かもしれません。しかし、他人の思考や感じ方まで支配することはできません。その結果、肉体的な面で相手を服従させても、ほかの面ではさらに多くの憎悪の種をまくことになりかねません。それはたとえば、テロリズムを引き起こす原因のひとつになるのです。

――戦争のない世界をつくることは、ほんとうにできるのでしょうか?

できなくてはなりません。それができるかどうかは、ひとえに私たち自身にかかっています。積極的に努力をしなければ、平和と協調は手に入りません。たとえば二〇世紀が明けたころ、環境保護について考える人はほとんどいませんでした。そして二〇世紀の中ごろまでは、戦争はふつうのことだと――核戦争さえもありうることだと――少なからぬ人々が考えていたのです。

人間の精神は創造的で、創意に富んでいます。その性質をぜひうまく使わなくてはなりません。世界中の兵器を減らしていこうという会談は、真剣に行なわれてきているように僕は感じます。人権というテーマにも最近は、徐々に大きな注目が集まってきています。中国ですら、この方向に動きつつあります。

これに関連して、ある人との出会いについてお話しましょう。一九九六年に僕は、イギリスのエリザベス女王の母君である、クイーン・マザーにお会いすることができました。クイーン・マザーは二〇世紀をすべて生きた人です。僕は彼女にこう質問しました。人間というものはこの一世紀の間によくなっていると思いますか?　悪くなっていると思いますか？　それとも同じだと思いますか？　クイーン・マザーはためらわずに「よくなってきていると思います」と答えました。その理由として、クイーン・マザーはこんなことを話しました。自分が若かったころは、人権だの自主決定の権利だのが話題になることはなかった。「けれど今、これらの概念は世界のどこでも重要なものになりましたよ」と。

この話が示しているのは、私たち人間は変わることができるという事実です。僕は、二一世紀は平和で協調的な世紀になるだろうと、たいへん明るい見方をしています。ものごとは、たしかに変化しつつあるのが見て取れます。たとえば、世界のたくさんの国々において、そしてアメリカやヨーロッパのような西欧諸国においても、人々が内面的な価値についてより多く話題にするようになってきていることを、僕は感じています。内面が平和な状態にあると全体のぐあいがよくなることを、人々は理解してきているのです。これは、二一世紀がより幸福な方向に進むことを強く示唆してはいないでしょうか。

僕はもう八〇歳になります。だから、これから平和な世界がやってくるのをおそらく見届けることはできないでしょう。でも、その成就のために貢献できればと願っています。もし生まれ変わったら、次の生ではきっと平和を楽しむことができますね。

――国家は、自国の利益だけを優先しない法律や決まりをつくれるものでしょうか?

それは第一に国の規模によります。たとえばスイスのように小さな国家では、重要な決定に国民一人一人がかかわることができます。住民投票や、他の地方レベルの手続きなどがありますから。このやり方が、米国のような巨大な国家でも実行可能なのかどうかは、僕には判断できません。

さらにいえば、民主主義は国家のかたちとして最善だと僕は考えています。国とは、そこに住むすべての人々に属するのであって、政府や王に属するのではないはずです。アメリカには約三億の国民がいます。元大統領のリチャード・ニクソンがその座を追われたのは、彼が大統領であり続けることを国民が望まず、辞任を余儀なくさせたからです。台湾の元総統である陳水扁《ちんすいへん》も汚職がもとで無期懲役の判決［第一審］を受けました。彼とは個人的に親交があったので悲しく思いますが、いっぽうでこれは、民主主義がきちんと機能している証拠だと思います。

――国家というものに意味はあるのでしょうか？

この地球上に人間がともに生きるということは、いくつかの段階に分けて考えられます。人類をすべてひとつにひっくるめて考えるのが、第一の段階です。自分という人間を、この地球上に生きる七〇億人のうちの一人としてとらえることです。みながおたがい平和的に生きられれば、それは何よりのことです。全人類が協調しあえれば、すべての人が利益を受けます。

第二の段階では、たとえば僕は自分を「仏教徒」「チベット人」「アジア人」と考えます。自分の国家や宗教を愛するのは、もちろんよいことです。ただ、先の第一の段階と第二の段階のあいだで、利益の衝突が起きることがときおりあります。そうした場合、引き下がるべきなのは第二の段階のほうのはずです。より重要なのは、人類全体としての利益ですから。

この優先順位が逆転し、地球全体の利益より国家の利益のほうが上に置かれることが、多くの問題の根源にあるのです。賢明なことではありません。国家主義はたいへん危険です。二〇〇年も昔なら、暴力的な衝突は一部の地域の中でおさまっていました。けれど、人間が世界中でたがいに依存し関連しあっている現代において、戦争はおそろしい危険をはらんでいます。

――何かの対立があるとき、政治と宗教はどうバランスをとるべきでしょうか?

たいせつなのは、現実がどう見えているかを、まずはっきり認識することです。現実がどう見えるかというのは、何より心の問題です。他人や他国に対して考えていることが相手の現実にほんとうに合致しているのか、私たちは自分に向かって問いかけなければなりません。そうしなければ、霧の中を歩いているのも同然です。このように考えれば、問題は相手ではなく自分の中に――突きつめれば自分の心の状態に――あることが、容易に理解されるでしょう。

たとえば私たちは、人間はそれぞれバラバラな存在だという幻想を抱いています。人々はよく「私たち」と「彼ら」を分けて考えます。そして、暴力で「他人」に勝利したり、他人を破壊したりできると思ってしまいがちです。ですがこれは、地球規模の現実と合致していません。地球全体は今や、各地がたがいに強く結びつき、たがいに依存しあっています。この現実が私たちに突きつけているのは、私たちの決断や行動のおおもとに「人類がひとつに結びついている」という認識がなくてはならないということです。

いま地球は、大きな「われわれ」という枠組みで動き出さなければいけない時代に来ています。一人一人の個も、世界全体も、大きな「われわれ」の一部です。これはとくに、世界経済や環境問題によくあらわれています。私たちがみな、人類という大きな家族の一員だということ、これが地球の現実なのです。

愛や思いやりを宗教がもたらす価値観だと考える人もなかにはいますが、これは正しくありません。愛も思いやりも、普遍的な価値観です。個々人が人生をどう生きのびるか、どんな未来を過ごすかは、自分以外の人々の行動に大きくかかわっています。権力のある人でも、それは同じです。そうした人々の未来ですら、自分以外の人々に依存しているのです。どんなに権力がある人でも、年をとったり病気になったりしたら、他人に世話をしてもらわなくては生きていけないでしょう。

――受動的な抵抗によって、チベットの解放は実現できると信じていますか？

じっさいに可能であると僕は考えます。受動的抵抗は、解放につながる唯一の道なのです。チベットの人々は、中国からの独立をめざしているわけではありません。今の時代にむしろ重要なのは、個々の利益ではなく全体の利益を考えることです。問題解決のためのチベットのアプローチは、どちらかが勝ってどちらかが負けるというものではなく、両方が勝つ「ウィン・ウィン」的なものです。そうすれば解決策の詳細について双方が交渉し、意見を一致させることができます。かならずしも独立をめざさないという方向で、チベットの人々の心は固まっています。

つねづねすばらしいと思うのが、ヨーロッパ連合の理念です。僕の量子物理学の先生であるカール・フリードリヒ・フォン・ヴァイツゼッカーは、彼が若かったころの話をしてくれたことがあります。

それによれば、当時のフランス人のおおかたはドイツ人を敵だと考えていたし、ドイツ人のおおかたはフランス人を敵だと考えていたそうです。けれどその状況は、大きく変わりました。ドイツのアデナウアー首相とフランスのド・ゴール大統領はともに第二次世界大戦を経験した人々ですが、彼らは自分の生きているあいだに、平和に統合されたヨーロッパのひな型をつくりあげるのに成功しました。

この（ヨーロッパ）連合の精神が、アフリカや中東、アジアやラテンアメリカにも広まることが僕の希望です。私たちは世界全体をこうした連合体の一種としてとらえるべきであり、そのうえで、それに見合った世界秩序を打ち立てていくべきなのです。そうなれば、たくさんの問題がかなり解消されるでしょう。僕はそれを確信していますし、だからこそ僕らチベットの人間は、中国からの独立を求めてはいないのです。七世紀や八世紀や九世紀のアジア地域には、中国、チベット、モンゴルという三つの大きな帝国がありましたが、私たちはもうそれには別れを告げました。それらは過去の歴史であり、ふたたび戻ることはありません。

一九五四年から一九五五年までのあいだ、僕は何カ月か中国に滞在し、毛沢東にも幾度か会いました。そしてマルクス主義や社会主義に強くひかれるものを感じました。社会経済的な理論に関していえば、僕は今もなお、マルクス主義に共感を抱いています。カール・マルクスはもちろん、ドイツの哲学者です。レーニンについては、とくにすばらしいとは感じていません。彼はあまりに支配的すぎるし、あまりに暴力を行使しすぎました。よいことではありません。

中国に滞在していたこの時期、中国の昔の首都、西安《せいあん》を訪れる機会を得ました。中国政府の高官がひとり、付き添ってくれました。彼は僕に、八世紀にチベットの軍隊が西安まで攻めてきたのだと話してくれました。西安はチベットの国境から、はるかに隔たっています。西安まで来たチベット軍は中国軍の反撃を受けました。でも今は、そんなことは重要ではありません。もう過去のことなのです。

中華人民共和国に属すれば、チベットにとって、ほかにも利点があります。チベットは物質的には遅れた国です。そして人々は近代化を望んでいます。そういった面では、中国といっしょにいるほうがプラスなのです。これは根本的に、私たちのためになるのです。ただしそれは、中国が文化的・宗教的・言語的な事柄に関して、しかるべき自治を認めてくれるという前提あっての話です。

私たちはまた、エコロジーの問題や若者の教育については自分たちで決断することを望んでいます。中国の憲法によれば、こうした制限付きの自治は中華人民共和国内の地域に対しては、基本的に認められているはずです。毛沢東はかつて、チベットについてもそうした解決策をとると僕に約束していました。残念ながら今のところ、それは実現していません。

苦難の始まりから六〇年が過ぎた今、おどろくほどたくさんの中国人がチベットに共感や連帯感を示すようになってきています。たとえば、過去二、三年のあいだに中国のジャーナリストや作家の著作物の中に、「チベットに相応の自治を認めるべきだ」という私たちの主張を支持する記事は一〇〇〇件以上も登場しています。これらの出版物の中には、チベットに対する中国政府の処置に批判を表明するものもあります。中国の社会からはこうした心強い支持が寄せられています。

しかし、政府レベルにおいては事情がちがいます。ここでは二つのグループに対処しなければいけません。ひとつは、昔と同じくチベットに対して強硬的な路線をとろうとするグループ。もうひとつは、穏健で現実的な解決策を受け入れる準備のあるグループです。国民だけをとれば、チベット問題に関する平和的な解決を受け入れようという気運はたしかに高まっているように感じます。その原因のひとつは、中国には世界のどの国よりも多い四億人以上の仏教徒が存在することでしょう。彼らの多くは、チベット仏教を実践しています。これは私たちチベットの人間にとってはたいへん前向きな傾向です。

中国の人々と個人的に話をして感じるのは、「チベットは独立を求めていない」と理解しているかぎり、大半の人は非常に友好的かつ心のこもったやり方で接してくれるということです。残念ながら中国政府は、チベットに対する多くの偏見を広めようとするでしょう。しかし、私たちは中国の文化のすばらしさをよく知っていますし、欧州共同体のような、すべての参加国が文化の独自性を保持できるやり方での問題解決を願っています。

人間にはおどろくほど許しの能力が備わっていることを示す例が、現代の歴史の中にあります。僕は日本の人々に向かって、アメリカにネガティブな感情をもっているか尋ねたことがあります。アメリカは第二次世界大戦のとき、広島と長崎に原爆を落としました。けれど僕が質問をした日本人は、アメリカに対して憎悪も恨みも感じていないとはっきり答えました。これは人間の許す能力を示す、とても印象的な例です。

ドイツ人がアメリカに対して否定的な印象をまったく抱いていないのも、非常に印象的です。ドイツの町も日本と同じく第二次世界大戦中、アメリカによって爆撃を受けたのですから。僕の見たところドイツの若者はむしろ、アメリカの生活様式を一生懸命に真似したがっているようですね。インドでも最近では、アメリカの文化が流入してきているという話をよく聞きます。

こんなふうに、世界はどんどん小さくなってきています。世界は徐々に、一体となりつつあるのです。私たちはもうこの先、国家や人種やイデオロギーなどの壁にいつまでもこだわっていることはできないでしょう。人々を名目上へだてているだけのそうしたバリアに惑わされていたら、有害な結果を招くのは避けられません。

国という枠組みでしか考えられないのは、時代遅れの考え方だと僕は見ています。グローバル化した世界の現実には、それはもはや合わなくなっています。今、地球上の人々はたがいに大きくよりかかりながら生きていますし、相互依存の規模は徐々に大きく、複雑になってきています。これは、ほぼあらゆる形の共存についていえることです。民族も、大陸も、地域も今ではたがいに強く結びつき、依存しあっています。

地球温暖化や温室効果を例にとりましょう。これらの問題は地球全体に関連するものです。地球温暖化の影響は、すべての地域とすべての国家に及びます。だからこそあらゆる地域と国家が、解決のために協力し合わなければならないのです。これは、新しい現実のひとつです。そして私たちはこれまでの考え方を、こうした新しい現実

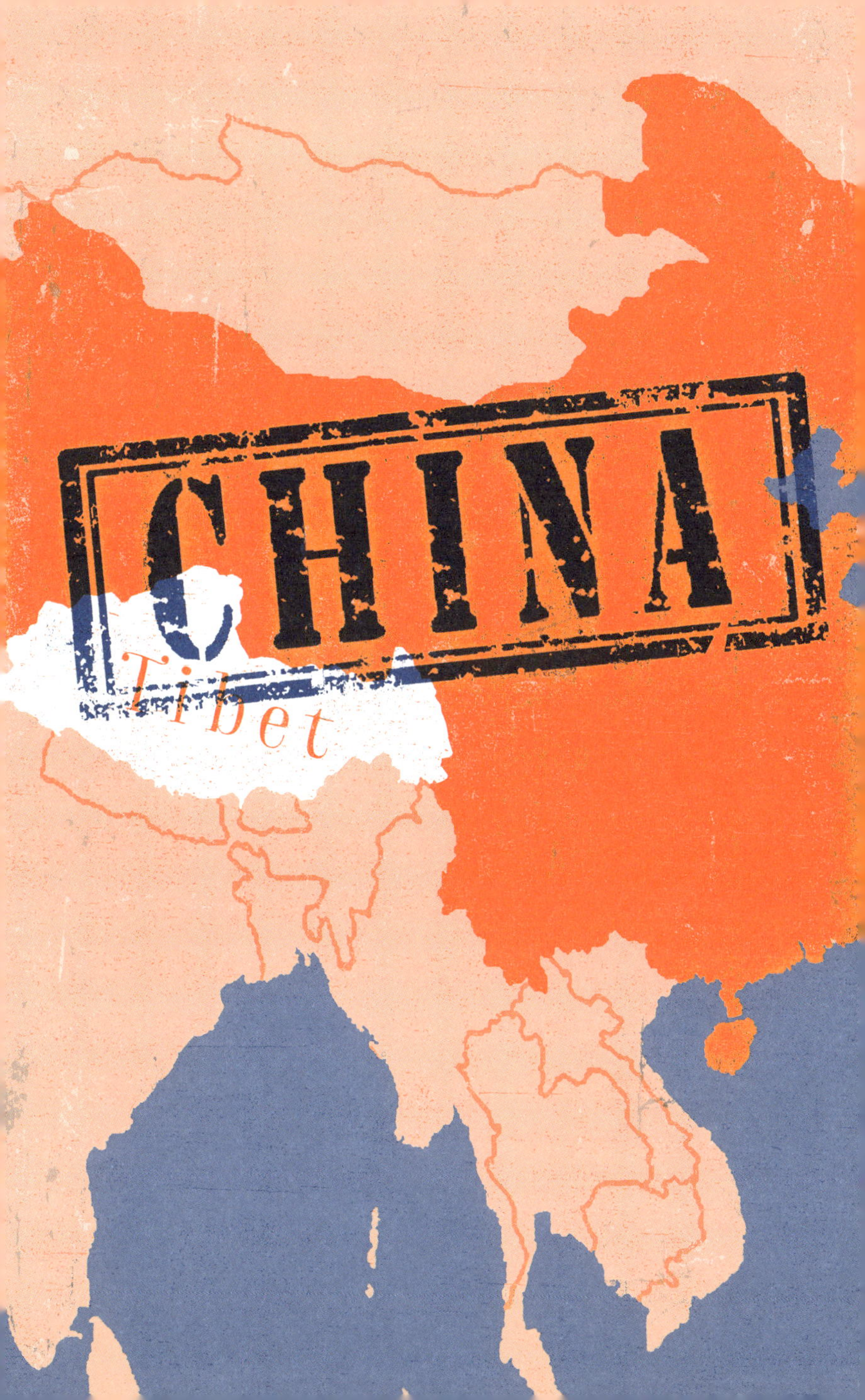
CHINA
Tibet

に合わせていかなければならないのです。
残念ながら私たちは、古い現実に即した考え方や取り組み方を今もしばしばしてしまいます。これでは、問題を解決しようと取り組んでも、いずれ大きな壁にぶつかります。それが僕の見方です。中国との関係についていえば、現在の中国は三〇年前や四〇年前と比べて大きく変化してきていると、僕は感じています。チベットが自治を求めていることを、多くの中国の人々が支持してくれています。指導的な立場にある人間ですら、徐々にですが、考えを変えつつあります。だから、希望はあります。

――人類の現在の状況について、満足していますか？

もし現状にとても満足だと思っているのなら、いくつかの質問にさっきとはちがうふうに答えていたと思いますよ。シリアのことを考えてみてください。あの地では子どもまでもが毒ガスで命を落としています。あるいはイラクの状況や、テロリズムの脅威について考えてください。これらの問題はみな、人間が引き起こしたものです。問題の根幹には、人間はそれぞれ分断されて生きるという誤った教えがあります。

それよりも、人類はひとつだと、そして人間はみな兄弟であり姉妹なのだと教えるほうが、はるかに有益なはずです。けれど宗教の分野ですら、たとえばキリスト教やイスラム教などの区別があります。そして宗教は、人類がひとつだと教えたり、怒りがいかに破壊的かを教えたりするかわりに、政治的な争いに油を注ぎさえしています。これは宗教のつとめではありません。そんな状況でも僕はあえて、二一世紀は二〇世紀とはちがう時代になるだろうと言いたいのです。さまざまな兆候から僕は、人類がきっとよりよい未来に向かっていると、希望的・楽観的に考えているのです。

［4］宗教についての質問

――なぜ世界には複数の宗教が存在するのでしょう？　すべての人々が同じ信仰をもっているほうが、世界の平和のためには有益ではないでしょうか？

僕の考えをいえば、世界に複数の信仰が存在するのは、唯一の神もしくは唯一の信仰が世界のすべての人々には適合しないからです。人間がそれぞれの体に合った食べ物を好むのと同じように、精神が必要とする栄養も人それぞれ異なるはずです。世界にはさまざまな宗教や信仰が存在しますから、それぞれの人が自分にいちばん合った心の滋養を選べばいいと思います。

残念なことですが、宗教は平和を乱す原因にもなります。これまでにも宗教の名のもとに紛争や戦争がくり返されてきましたし、それはまだつづいています。たいへん残念なことです。僕は宗教とはあくまで個人的な事柄だと考えています。とりわけ悲しいのは、同じ宗教を信じる者どうしでも戦争が起きることです。君は頭にスカーフを巻いているから、きっとイスラム教の信者ですね。それでは、イスラム世界の例をあげてお話ししましょう。

イスラムの世界にはシーア派とスンニ派という異なる宗派があり、これら二つの宗派はこれまでに何度もたがいに戦ってきました。今もイラクで戦争が行なわれています。大きな人的被害が出ており、難民になった人々は五〇万人以上にのぼります。シーア派もスンニ派も、アラーという同じ神を信仰しています。僕はアラーのためにもこの状況をたいへんつらいものと考えます。シーア派とスンニ派の人々はどちらもアラーに対して、自分たちの勝利を請い願っているのですから。アラーは、いったいどちらの祈りを聞き届ければいいのでしょう？

ドイツでは、こうした紛争に目をつむる傾向があるように僕は感じています。まるで、ドイツ人にはそんなことは関係ないというふうに見えます。これはよくないことだと僕は思います。対立と、それに関連して起きる悲しい出来事をできるかぎり早く終わりにできるよう、私たちはみなで力を尽くさなければなりません。

――イスラム教について、どう思いますか？

イスラム教は、とても重要な宗教のひとつです。イスラム教の中心にあるのは、愛です。イスラム教において重要なのは、アラーが創造したすべてのものの上に自分の心を広げることです。イスラム教徒の友人が教えてくれましたが、イスラム教では流血はすべて厳しく非難されるそうです。流血沙汰《ざた》を起こしたイスラム教徒は、そのままイスラム教徒でいることはできないというのです。彼は、「ジハード」という言葉は「努力」や「戦い」を意味するのだとも教えてくれました。けれどそれは第一に、外にいる敵との「戦い」を意味するのではなく、自分の中にあるネガティブな感情との「戦い」を意味するそうです。ネガティブな感情を減らすことは、仏教の修行の目標でもあります。

君はきっと二〇〇一年九月一一日の出来事について言いたいのだと思うので、もう少し先までお話しましょう。どんな宗教にも、悪意のある人は存在します。その集団に属するほんの数人が悪事を働いたからといって、その宗教全体を悪だと決めつけるべきではありません。あらゆる宗教の名のもと、暴力行為はなされてきました。仏教とて、例外ではないのです。

――どうすれば、他の宗教をよりよく理解できますか？

宗教間の融和のためには、相手についていささかなりとも知らなくてはなりません。僕はインドにいたとき初めて、自分とちがう宗教の人たちと知り合いました。たとえばマザー・テレサや、イスラム教の信者などです。そうした個人的な交流を通じて、すべての信仰は同じだけの力を秘めていると理解しました。原理主義が発生する危険があるのは、人がひとつの宗教についてしか知識をもたないときです。

――神的な存在をもたない倫理が、どうして力をもてるのでしょう？

宗教ではない倫理について僕が話をすると、友人の多く――そのなかにはイスラム教徒もキリスト教徒も含まれます――は、いつも何やら懐疑的な顔をします。でも、先の質問に対する答えはすでに自然科学や医療の分野から出ていると僕は考えます。憎しみや怒りや恐怖などのネガティブな感情をいつももっていると、免疫系統に大きな弊害が起きることが医学的な研究から証明されています。おだやかな心をもつことは、とても重要です。思いやりの心をもち、自分以外の人間のことを考えられる人は、いつも自分のことばかり考えている人に比べて、心がより安定し、よりおだやかで、より幸福なのです。

おだやかな精神は、自分に対する健全な信頼や内なる強さから生まれます。恐怖を感じているとき、精神は不安定になります。何度も言うようですが、思いやりの心こそが、自信と内なる強さをもたらす大きな源です。科学者のおおかたは宗教をもたず、無神論者さえ一部にはいます。彼らの研究からは先に述べたような結果が出ているほか、人間の社会的な行動が遺伝子に起因することも証明されています。他者に思いやりや愛情を感じるのに宗教は必要ありません。健全な理解力をもつ人なら、他者の幸福を思う気持ちを自然に感じるはずです。

僕はこの問題をもう三〇年以上も、専門家や学者や教育者と話し合ってきました。私たちがみな一致しているのは、現在の教育システムは知的な面ばかりでなく、内的な価値についても子どもに伝えていくべきではないかということです。そしてこの内的な価値の土台には、宗教とはかかわりのない倫理があるのです。

すべての人に受け入れられる倫理的な規範を育てられなかったら、どんな結果が生じるでしょう？　きっと、神を信じない大勢の人々が、そんな価値観は受け入れないと反発するでしょう。彼らはこんなふうに言うかもしれません。「そんなのは知ったことか！　僕はそもそも神を信じないのだから、もっと悪いことだってしてやろうじゃないか」。だからこそ、宗教とは切り離された倫理を発展させることがとてもたいせつなのです。

どのみち僕が確信しているのは、世界の主要な宗教はどれも、似通った核を発展させてきたということです。宗教のちがいについて考えるときは、哲学的な面や文化的な面を別にしなければなりません。これらはかならず宗教に付随してきます。哲学的・文化的な見地からいえば、宗教はたしかにそれぞれ異なっています。しかしそれを別にして宗教だけを見れば、どれも、平和に満ちた心をはぐくむことやよき人生を送ることや他者を尊敬することなどを重視しています。これらの点において、主要な宗教はみな似通っているのです。

以前、講演のためにオーストラリアに招かれたとき、キリスト教の司祭から「よきキリスト教徒」と紹介してもらいました。僕はお返しに、司祭様もまた「よき仏教徒」ですよと言いました。つまり善行や思いやりを実践するという点で、すべての主要な宗教は同じだということです。

もし君が、自分は思いやりや隣人愛などの価値を宗教から教えられたと強く思っているのなら、それはそれでとてもよいことです。その宗教の教えを今後もぜひ実践していくことをすすめます。君にとって宗教が、よい心を育てたり、他者を助けたりするための道であるならば、それはすばらしいことです。

仏教においては、創造主というものは存在しません。だから、仏教は宗教ではなく精神科学ではないかという人もたくさんいます。仏陀は自分の弟子にいつも、こう指摘していたそうです。私が言ったからといって、それをそのまま信じてはいけません。自分で考え、自分で調べてみなくてはなりませんよ、と。先ほど話した科学者たちはみな、それを行なっています。彼らは自分で研究を行ない、温かい心は健康のためにも非常に重要だという結論に達したのです。

少し前のことですが、僕は三日間にわたる会議に出席するためサンフランシスコに招かれました。会議のテーマは青少年犯罪などの社会問題で、学者や医者、ソーシャルワーカーやその他の知識人が会議に参加していました。彼らの意見が一致したのは、社会や家庭あるいは個人の中に思いやりの心が欠如していることこそが、青少年犯罪が急増している原因ではないかという点でした。これは、学校の授業で内面的な価値や心の質について教えるべきだという、たいへん重要な理由のひとつです。

——なぜこの世界に、悪が存在するのでしょう?

その問いに対する答えは、ひとりの神様を信じるか信じないかで変わってきます。仏教は、ひとりの神を信じる宗教ではありません。仏教徒にとっての原則は、「人はみな、自身の幸福の鍛冶屋である」という教えです。そこから私たち仏教徒は、悪や不幸の最大の原因は人間の無知や無意識の中にあるのではないかと考えます。ですから、無知をできるかぎり減らすことが重要になります。そうでないと、人間はいつも自分の中に悪の種を抱えていることになってしまいます。

神様を信じる人たちは、ちがう見方をします。神はなぜこんなに多くの悪を世にもたらしたのかと、彼らはしばしば自問します。僕はキリスト教徒の友人からこの質問をされたことがあります。そのとき、すこし冗談めかしてこう答えました。神様は地獄をおつくりになった。地獄をつくったからには、そこに行く人間が必要だからではないか、と。

——人間は死を悲しむべきなのでしょうか？

それもまた、どの宗教や信仰をもっているかで答えが変わります。たとえばキリスト教のようにひとりの神様しか存在しない宗教の場合、死んだ後もまた別の生があると信じられています。こうした宗教では、人間は死後、生前の行ないを弁明しなければならないと強く信じられています。だからこそ、他者を助けたりよい行ないをしたりするのが望ましいとされます。そうすれば、死んだ後に天国に行ける可能性が高まるからですね。

いっぽう、仏教のように神という観念が存在しない宗教では、ひとつの人生が終わった後、生まれ変わってまた別の人生を送ると信じられています。この考えにもとづいた場合もやはり、今の人生をどのように生きたか、他者を助け、思いやり深く生きてきたかが判定され、それにより、次にどんな生が待ち受けているかが決まります。今の人生をよりよく生きるほど、次にはより快適な人生が送れるということです。死んだ後もそれはずっとつづきます。死は、終わりではないのです。

何も信じないという人にとっては、事態はまたちがって見えています。悲しいことです。そうした人々にとっては、死ねばすべてが終わりなのですから。そうなると、死というものについてまったく考えようとしなくなります。

ともかくたいせつなのは、意義のあるよき人生を送ることです。宗教的にどう納得していようと、人間はみな人生の最後に苦しい瞬間を迎えます。他人をだましたり食い物にしたり、そのほかの非道をしたりした人は、きっと最期にそれを後悔するでしょう。けれどいちばんつらいのは、問題ばかり起こしていたら、自分が死んだとき、まわりが安堵するだろうということです。そんなことは誰も望まないでしょう？　でも思いやりにあふれていた人が亡くなったら、まわりはきっと悲しみます。そしてその人の死を寂しく思うでしょう。

――死ぬことは怖くないですか？

死を恐れることには何の意味もありません。死は、私たちの生の一部なのです。人間は生まれて、死んでいく存在です。それを変えることはできません。死がやってきたときそれを恐れても、それでどうなるものでもありません。

仏教の勤めのひとつとして、僕はいつも瞑想で死の準備をするようにしています。瞑想をしながら、自分の体や魂のさまざまな要素が瓦解《がかい》していくさまを想像します。一日に五回それを行ないます。それによって、いざ死を迎えたときに多少なりともよく準備ができているよう願うばかりです。たしかなことは、まだ僕にもわかりません。そのときがきたら、やっとわかることになるのでしょう。

飛行機で海の上を飛んでいるとき、僕はときどき、この海の中にはサメが泳いでいるのだろうなと想像します。そして、もし飛行機が墜落したら自分は真っ先にサメに食われてしまうだろうとも考えます――僕は泳ぎがまったくできないので。これはい

ちおう「死の恐怖」といえるかな？　どうでしょう？

――安楽死を認めるべきだと思いますか？

基本的には同じことが堕胎《だたい》についてもいえるのですが、死の幇助《ほうじょ》は一種の殺人であり、回避すべき行為です。たいへん重大な結果がもたらされる事柄ですから、それぞれのケースをよく観察して、あらゆる要因を慎重に考慮する必要があります。ひとりの人間の意思だけでなく、複数の人々にあたって全員の意見が一致しなければ行なうべきではありません。

安楽死が是認される可能性があるのは、回復の見込みのない重い病気や強烈な痛みに苦しむケース、あるいはその人を生きながらえさせるために莫大な費用がかかるケースなどでしょう。場合によっては、慈悲と思いやりの心から、安楽死を行なうのが適切なこともあるでしょう。しかしそれは、あくまで例外であるべきです。こうした決断は簡単に下してよいものではありませんから、賛成意見と反対意見をそれぞれ入念に吟味しなくてはいけません。

――臓器提供についてはどう考えていますか？

それは個々人で決めてよい問題だと思います。僕自身は、臓器提供はよいことだと思っています。ただそれは、人が自由意志で提供を決断できる場合に限ります。臓器の商取引が行なわれたり、一部の国の人々が強制的に臓器を提供させられたり、あるいは刑務所の囚人が臓器を摘出されたりするのは、とても悲しく、酷いことです。

――男女同権についてはどう考えていますか？　仏教は男女同権についてどんな立場をとっていますか？

僕は基本的に男女は同等だと考えていますし、仏陀もそのように考えていました。仏陀は女性にも、もっとも高い教えを授けていました。この点では、仏教は完全に男女平等でした。

ただ仏陀の時代には男女の待遇に、文化にもとづく相違が存在していました。そのため、男女の僧が一緒の部屋に入るときはかならず、尼僧は男の僧の後ろを歩かなければなりません。けれど、それを除けば男女は平等に扱われていたのです。くわえて仏陀は、男性は女性に接するときに特別の敬意を払わなくてはならないと強調していました。男性と女性はまた、基本的に同じ能力を獲得し、同じ悟りに到達できるものとされていました。これが、仏教の根本にある仕組みです。

しかし、男女は同じでない側面ももちろんあります。人類の歴史が始まったころ、権力闘争はほとんどなかったと僕は確信しています。そして当時、誰が決定権をもつかは重要ではなかったはずです。そのころ人類は遊牧民として暮らし、手に入った食料をおたがいに分け合って生きていました。しかし、農耕が始まったころからそれは変化します。

より多くの食べ物が手に入るようになったおかげで、まず人口が増加しました。そして、自分の土地を手に入れることが、あるときから突然重要になったのです。その結果、激しい戦いが行なわれるようになりました。リーダーや長をつとめるのは、肉体的にとくに強い男性だけでした。当時はまだ教育というものが存在しておらず、精神面での能力がとくに重要視されることもありません。だから、当時の女性が指導的な役割につくことは不可能でした。こうした男女の不平等はのちに、残念ながら宗教によってさらに強められました。しかし、そのうちに社会には教育が誕生することになるのです。

私たちが生きている現代の一歩先には、強い愛情や人道的な価値および人道的な感情をはぐくむことがとてもたいせつになる時代がおそらく来ます。そうした時代に有利なのは、男性よりもむしろ女性のほうです。女性が男性よりも他人の痛みに強く共感することや、より敏感に反応することは、科学的な研究から明らかになっています。心拍数や血圧などの肉体的な反応にそれがあらわれるのです。これまでの歴史において、勇者や戦士はほとんどいつも男性で、女性の力はおもに男性を支えることに用いられてきました。

けれど今、親切心や人間らしさがより必要とされる重大な時代が目の前に来ています。だからこそ、女性に指導的な役割を任せることが重要になるのです。地球上の国々のうち二〇〇の国が女性によって率いられていたらと、ちょっと想像してみてください。もしそうなったらおそらく、問題解決のために武力が行使される頻度は今よりも少なくなるのではないでしょうか。これまでの人間の歴史の中で、戦争や紛争を引き起こしてきたのはおおかたが男性だったのですから。もちろん確実にそうなるとはいえません。でも、ともかく試してみなくてはわかりません。

パリでのインタビューで、相手の女性から「次のダライ・ラマが女性として生まれることはあるでしょうか?」と質問されたことがあります。僕はこう答えました。「もちろんですよ。チベットにとってより有益なのであれば、次のダライ・ラマが女性であるということは十分ありえます。チベットの伝統には、高位にのぼりつめた師が女性に転生した例がいくつもあります」。それから、冗談まじりに付け足しました。「もし女性になるなら、ぜひ見め麗しいかたがいいですね。そのほうがなにかといいことがあるかもしれません」

――ダライ・ラマがキリスト教徒やイスラム教徒に転生することはありえますか?

それはたぶんありえないと僕は考えます。

ダライ・ラマという制度自体の今後の存続を決めるのはチベットの人々であるべきだと、僕は一九六九年以来、主張しています。存続に意味がないと多くの人が考えるのなら、数百年の歴史があるこの制度ももはや必要ないということですし、存続がチベットにとって重要だと多くの人が考えるのであれば、終止符を打つのは誤りだというこことでしょう。

ダライ・ラマという制度は、人生や歴史の中の他のものごとと同じように、生まれ、とどまり、そして去っていきます。政治的機能と宗教的機能を分離すべきだと僕が決断してから、ダライ・ラマという任務じたいがすでに大きく変わってきています。僕は国家元首としての役割からは退きました。次の元首は民主主義的に選ばれるでしょう。

政治的な点では、ダライ・ラマという制度はすでに役割を終えています。ダライ・ラマという称号はそもそも、三代目のダライ・ラマのときに初めて、モンゴルから授けられたものです。ですからモンゴルは今もなお、「ダライ・ラマ」の行く末を、そしてとりわけ次のダライ・ラマがどのように選出されるかを心配しています。

僕は、たとえばローマ教皇の選出システムはとてもすばらしいと思います。候補に推薦されるのは年齢と経験を重ねた枢機卿たちで、そのなかから全員の意見が一致した人物が選ばれる仕組みだからです。いっぽうチベットの伝統では、ダライ・ラマの化身はまだ小さな少年から探し出さなくてはなりません。このやり方では、あとで不都合が生じるケースが過去にいくつかありました。それでもこのやり方をつづけていくのなら、もちろんイスラム教徒やキリスト教徒の住む地帯ではなく、仏教徒の住む地帯に探しに行くべきでしょう。これはあくまでもチベット仏教の文化にまつわることなのですから。

僕自身の生まれ代わりについては、次にどんな状況で生まれてくるのか、自分でもまだよくわかりません。けれどひとつ確かなのは、チベットがこのまま中国の支配から自由にならないかぎり、チベットに転生することはないだろうということです。僕は、前に生きていたときの記憶が少しだけあります。ときどき、そのころのことを夢に見ます。ずっと昔のファラオの時代のエジプトで、おそらく牢獄の中に座っているのです。エジプトはイスラム教徒の国です。そう考えると、次にはキリスト教の国やイスラム教の国に転生する可能性も完全には捨てきれません。可能性としては、十分ありうることだと思います。

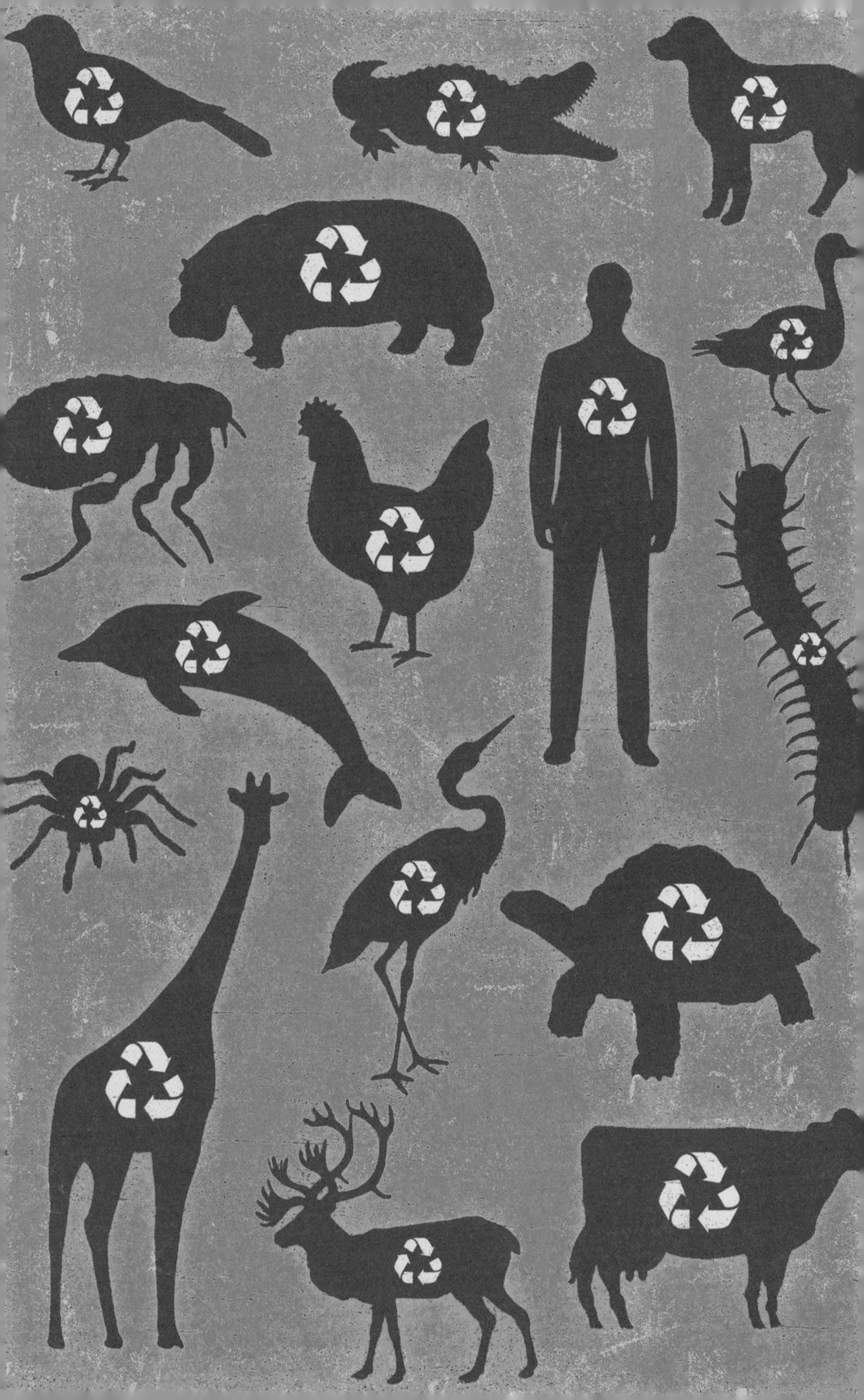

［5］ダライ・ラマの人生についての質問

――あなたはまだ二歳のときにダライ・ラマとして選ばれました。とても特殊な人生だと思いますが、個人として幸せだったと思いますか？

六歳か七歳のときに仏教の教義について勉強を始めましたが、最初はまるで興味がもてませんでした。そのころは、遊びたいとばかり思っていました。真剣に勉強に取り組み、教えを実践するようになったのは、一五歳か一六歳のころからです。今、それらがどれだけ役に立つかを実感しています。心の内なる平和は、肉体の健康にも重大な影響を与えます。いま僕は八〇歳近くですが、ちょっと僕の顔を見てください。

年齢よりもずいぶん若く見えるでしょう？　昔の友人にたまに会うと、相手はもう顔じゅう皺だらけです。でも僕の顔には、ほとんど皺がありません。

――まったく普通の人生を送りたいと思うことは、ときどきありませんか？

まだ子どものころ、僕はたびたび先生と――とっても厳しい先生です――一緒に引きこもっていなくてはなりませんでした。ところでみんなに聞きますが、休暇と学校はどちらが好きですか？　クリスマスの前の晩に興奮しすぎて、眠れなかったことはありますか？　僕にもそれと似た経験があります。新年はチベットでいちばん重要なお祝いのひとつですが、その日は学校もお休みになるので、前の晩、興奮してちっとも眠れなかったものです。

厳しい先生と座って勉強をしているとき、外から音が聞こえてきました。羊飼いが牧草地を羊と一緒に歩いていく音や、羊飼いの歌うチベットの民謡、そして彼らがまた戻ってくる音。ときどき、自分がこうして閉じこめられた生活を送っているのに、あの人たちはなんて幸せそうなのだろうと思ったりもしました。でも時がたつにつれて、自分の名前が何か有益なもののために存在するのだとわかるようになりました。そして人々に尽くすために力を注がなければならないと、自覚してきました。

――昔を振り返って、一七歳のときに知っておきたかったと思うことはありますか？

僕の答えはやはり勉強に関連することです。勉強していてわくわくするようなことや、心の中にずっと残るようなことは、なんでも学んでおきたかったと思います。義務で仕方なく勉強したことは、またすぐに忘れてしまいます。

――これまででいちばん大きな試練は何ですか？

僕にとって最大の試練は、五代目のダライ・ラマ以降四〇〇年以上にわたって引き継がれてきた政治に関する責任を手放すことでした。これまでのダライ・ラマはチベットの宗教と政治に関する責任をともに引き受けてきました。しかし二〇〇〇年に、政治面の指導部を選ぶことが決まり、二〇一一年に僕はそれまで負ってきた政治的責任を彼らに任せました。以後は、宗教間の協調と平和にだけ力を集中しています。ほかに、人々が温かい心によって共生できるよう人道的な価値を説くことにも力を注いでいます。

政教の任務が結びついていた時代は、正式に終わりを迎えました。それがよいことだったのかそうでないのかは、未来に答えが出るでしょう。僕は民主主義を信じています。この世界は人間に――七〇億人の人々に――所属するのであって、何かひとつの党に所属するのではないはずです。ドイツの国も、ここに住む八千万人の国民に属するのであって、ひとつの党のものではないはずです。国王の存在する国々でも、国家は国王や女王のものではありません。そのことを僕は、子どものころから感じてきました。政治的な責任を引き受けた一九五〇年代からもう、改革委員会の立ち上げに着手しました。民主主義は一夜にして成るものではありません。それは時間のかかるプロセスなのです。チベットの場合は、戦争と亡命のせいで状況はさらに厳しくなりました。

ここドイツでも、民主主義が育つまでにはいくばくかの時間が必要でした。そして今、民主主義は非常にうまく働いています。すばらしいことだと思います。ここドイツでは、経済もまた順調です。僕にはドイツの友人がたくさんいますが、戦争のとき多くの町が破壊されたにもかかわらず、友人らがまわりの国々にネガティブな思いを抱いていると感じたことは一度もありません。日本でも同じことを目にしました。

日本とドイツという二つの国の、これはたいへんすばらしい点です。戦争の悲劇にもかかわらず、ふたたびまわりと友情を結び、それによって戦争の焼け跡の中から新しい国家として立ち上がったのです。僕はこのことに、強く胸をうたれました。これが、君たち若者にぜひ伝えたいことです。友情のもつ力をいつも心にとめていてください。そうすれば、辛く悲しいことが起こっても、また美しい未来を築いていくことができます。

――精神面もしくは宗教面での師を別とすれば、どんな人物にこれまで影響を受けましたか?

もちろん僕には、尊敬する人が幾人かいます。たとえば、チェコの元大統領ヴァツラフ・ハヴェル。それから、物理学者のカール・フリードリヒ・フォン・ヴァイツゼッカーも尊敬しています。僕にとって彼は、量子物理学の師です。これらの人々には心からの尊敬と愛を感じています。でも残念ながら僕は、物理学の生徒としては絶望的でした。先生が何かを説明してくれたときは、いつも、すべて理解できたように思うのですが、先生がどこかに行ってしまうと、それ以上はさっぱりわからなくなってしまうのですから。

そのほかにもすばらしい人々がいます。中国共産党の中にさえ、献身的で、無私の心で働く人々が何人かいました。僕は一九五〇年代に一〇カ月ほど中国に滞在していました。毛沢東ですら当初は、ひどい人間ではまるでありませんでした。彼は人民の幸福のため、とりわけ労働者の幸福のために多くのことをしました。しかし時とともに、とりまきの人々や権力にまつわる事情を通じて、堕落していきました。そうした危険は誰の身にも起こります。自分自身とどうつきあうべきなのか、私たちはみな、学ばなければならないのです。

元ドイツ首相のウィリー・ブラントは冷戦のさなかに——つまり、万事の根底に不信感があったあの時代に——ソ連のリアニト・ブレジネフへの信頼を育て、対話を実現させせました。ブラント元首相のこの功績を、僕はとても尊敬します。だから、僕が心から尊敬しているドイツ人は、少なくとも二人いるということですね。

――政府が中国の圧力に負けて、あなたを受け入れることを拒否したら、どんな気持ちがしますか？

僕にとっていちばん重要なのは次のことです。人々に広く声を届かせること。人道的な価値を広めるために自分の力を尽くすこと。そして幸福な社会のため、宗教間の調和のために寄与することです。

――自由な時間には何をしていますか？

おもに読書です。以前は庭仕事をしたり、時計などの機械を修理したりするのも好きでした。テレビのドキュメンタリー番組やニュース番組を見るのも好きでした。でもここ数年は、余暇の大半を瞑想と読書に費やしています。おもに仏教哲学の本ですが、雑誌や新聞も読みます。『タイム』、『ニューズウィーク』、『ヘラルド・トリビュ

ーン』などです。

――肉は食べますか？

ほかの生き物に苦痛を与えることは――たとえ相手が動物でも――許されません。僕はもう長いこと、肉はいっさい食べていません。いま、胆のうに問題があって、医師からは「健康のためにもときどきは肉を食べなくてはいけませんよ」と言われているのですが、個人としてはやはり反対です。僕は心の底からの菜食主義者であって、万人にそれをすすめたいと思います。

――これまででいちばんすてきな経験は何ですか？

その質問には、いくつかの面から答えなければなりません。まず僕は自分のことを、人間としてごくふつうだと考えています。そうした局面で見ると、僕にとっていちばん美しい経験は、人の心の温かさや思いやりに結びついたものばかりです。そうした経験は、心に平安をもたらしてくれます。心がゆったりして、イライラが消え、不安も消えてしまいます。これはほんとうにすばらしいことです。いっぽう仏教徒としては、利他主義のすばらしさをぜひ強調したいです。利他主義がもたらす作用もまた、信じられないほどすばらしいものです。利他主義の実践によっても、心にとても大きな平安が生まれるのです。

仏教にはもうひとつ、とても重要な概念があります。すべてのものは相互に依存して発生するという考えです。つまり、単独で存在しうるものは何ひとつないということです。すべてのものは他の異なるものごとと相対的に存在し、私たちはそれに名を与えているだけです。仏陀自身でさえ相対的な概念であり、絶対的な現実ではありません。この考え方を理解すると、よいものごとに出会ったとき過剰に愛着したり、悪いものごとに出会ったとき過剰に嫌悪したりするのを防ぐ助けになります。中立的なものごとに出会ったとき、なぜ自分が中立的に反応するのかも理解できるでしょう。

私たちが反応するものごとのおおかたは、ただの見せかけにすぎないのです。現代の量子物理学ではこんなことが証明されています。物理的な物体は、もっと深いレベルではじっさいに認めることができないそうです。私たちの目に何かが客体として存在して見えても、ほんとうはそうではないということです。私たちの事実認識の仕方は、とりわけ、私たちがそれをどう名指すかに左右されます。

精神科医のアーロン・ベックは僕のよき友人ですが、彼はいつかこう説明してくれたことがあります。人間の感情の九〇パーセント以上は、その気持ちが関連している事物そのものに起因するのではまったくないそうです。たとえば私たちが誰かに怒りを感じたとき、その原因は、相手に大きくかかわっていることはほとんどないのです。感情はだいたいにおいて、ただの投影にすぎません。それをはっきり認識すれば、私たちの目に見えているほど、ものごとは客観的でないことがわかるはずです。怒りや憤りなどの感情の強さを、私たちは自分でコントロールすることができます。そうした感情を生み出しているのは私たち自身なのですから。

これは仏教徒として僕が非常に納得している概念のひとつです。でもひとつ言っておきたいのは、この考え方を引き受けるのは、自身が仏教徒になって、こうしたテーマに真剣に興味をもったときでいいということです。別の宗教を信じていたり、全能の創造神を信じていたりする人は、こうしたテーマをそもそも思案すべきでないでしょう。

あるカトリックの司祭に、愛の善行の実践や思いやりの心を育てることについて話をしたことがあります。そのとき、相互依存的な発生の原理についても説明を求められました。僕はこう答えました。

「それはお門違いですよ。あなたはあなたの神を信じているでしょう。これは、心から仏教に取り組んでいる者にしかかかわりのない話です」

――ときどき何かに恐怖を感じたり、脅えたりすることはありますか?

まだ幼いころは、何かの状況を怖いと思うことがありました。けれど精神的な修行や瞑想の実践のおかげで徐々に、恐怖を感じるような状況でもじょうずに対処できるようになってきました。たとえば、子どものころはポタラ宮のいくつかの部屋や暗い通路を怖いと感じていました。その場所にお化けが出たり、霊が悪さをしていると噂されていたのです。ときどき、うなじに冷たい息がかかったような気がして、きっと後ろに亡霊がいるのだろうと思いました。とても怖かったです。

そのほかに大きな恐怖を感じたのは、一九五九年三月に亡命をしたときです。ラサで、川を渡らなければなりません。向こう岸に、僕を探している中国兵が大勢いることを僕は知っていました。そのときは、きわめて現実的な危険にさらされていたのです。

恐怖には二つのかたちがあります。ひとつは、現実の危険にさらされているときに抱く、現実的根拠のある恐怖感です。そうした場合には、まず行動して、身を守るための措置をとることがだいじです。けれどそのほかに、自分の恐れが投影されただけの恐怖感も存在します。それを理解しなくてはなりません。

――恋をしたことはありますか?

僕は仏教僧です。仏教僧は生涯独身で、女性との肉体的な接触はいっさいもってはなりません。この教えを守ることは、僕にとってそれほど苦ではありませんでした。美しい女性と出会ったとき、恋のような気持ちや感覚を抱くことはときどきあります。でも、行動に移すことにはまったく興味がありませんでした。問題が起きるだけだとよくわかっていますから。仏教僧であることを、僕はずっと自覚してきました。夢の中でさえ、それは変わりません。
恋に落ちるとはどんな気持ちだろうと、すこしだけ興味が湧くこともあります。僕のところにはたくさんの人が人間関係についての助言を求めに来るので、それを通じて、「なかなか簡単ではないのだな」という印象を抱いています。まず相手を見つけなければなりません。これ自体がもうすでに容易ではないですし、その先もたびたび問題が起こります。好きになった相手がこちらをあまり好いてくれなかったら、つらかったり悲しかったりするでしょう。所帯持ちの男友だちを訪ねたとき、前とちがう女性が奥さんになっている可能性だって、ないとはいえません。離婚は、子どもにとってはとくにつらいことです。僧としての人生のほうが僕にとっては、心おだやかで安定しているように思えます。

——庭はありますか？　庭仕事はよくしますか？

はい。ダラムサラに温室をひとつもっています。僕は花がとても好きなので、温室でたくさん花を育てています。残念ながら高温多湿なダラムサラでは、ラサではよく育つ植物――たとえば、僕のいちばん好きな飛燕草《ひえんそう》――が生育しません。でも、もう最近はあまり庭いじりはしていません。花の色や形を愛《め》ではしますが、自分で手入れをすることはもうなくなりました。僕に代わってほかの人が、骨折り仕事を引き受けてくれています。

――チベットの穀物団子、ツァンパは今も好きですか？

二〇年か三〇年前、ツァンパをまったく食べなかった時期がしばらくありました。そのころおもに食べていたのはパンやそれに類する食べ物でした。ちょうどそのころ、チベットから来たばかりの数人の亡命チベット人や栄養学者が、ツァンパはとても健康によいのだと僕に教えてくれました。聞けば、中国人のなかにもツァンパを好んで食べる人がいるそうです。

いっぽうラサに住むチベット人の一部は朝食に米を食べるなど、中国の食習慣を取り入れるようになったと聞きました。僕はこれらの人々に、伝統的な食習慣に立ち返ってツァンパを食べるべきだと推奨しました。そして、他人にそれをすすめる以上、自分もツァンパを食べるべきではないかと思うようになりました。しばらくのあいだ、まったくツァンパを食べていなかったので、また食べるようになったときには胃腸不良を起こしてしまいました。時間をかけてゆっくり慣れていかなくてはなりませんでしたが、今では毎朝かならずツァンパを食べています。でも、飛行機で旅をするときは別です。

飛行機で移動しているときは、僕がいつも下げている赤い袋がとても役に立ちます。朝食は僕にとって、とても重要です。仏教僧の決まりにしたがい、夜に食事はとりません。ですから朝はいつも、とてもお腹がすいているのです。航空会社によってはとてもおいしい朝食が出ますが、ちょっと物足りないときもあります。だから、いつもその袋にパンを入れていくのです。デリーから飛行機に乗るときは、政府の役人がかならず何人か見送りに来てくれるのですが、あるとき、僕の袋がぱんぱんに膨《ふく》らんでいることに誰かが目をとめました。これは「パン袋」ですと、彼らに説明しました。あの袋は神聖であるだけでなく、実用的でもあるのです。

——ズボンをはいたことはありますか？　それともいつも僧服を着ているのですか？

とても寒いときは、ズボンをはくこともときどきあります。ラサからインドに逃げるときにも、ズボンをはいていました。あのときは、敵から見つけられないように、僧服を脱ぐ必要があったのです。かわりに黒い幅広のズボンをはいて、黒っぽいマントを羽織っていました。最初は慣れませんでしたが、山越えの長い旅をしているうちに、なかなか便利であることもわかってきました。

——その黄色と赤の服は何枚もっているのですか？

私たち仏教の僧は、自分の持ち物とみなすことのできる衣を一枚しかもつことを許されません。実際的な理由からみな、あと二枚の衣をもっていますが、私たちはそれらを他人の所有物のように扱います。僧は、衣類にまつわる虚栄心や愛着心を避けるべきだとされます。だから、仏教僧の服は何枚もの布を継ぎあわせてつくられているのです。

――携帯電話をもっていますか?

助手がひとつもっています。いつだったか何かの話し合いのとき、助手のところに電話がかかってきたのですが、相手が話したいのは僕のほうだったので、助手は電話をまわしてくれました。でも僕はそもそも、通話するためには携帯電話をどうやってもてばよいか、わかっていませんでした。そしてすぐに「これは僕に向いていない」と思いました。それきり携帯電話はいっさいもとうとは思いません。

――あなたはダライ・ラマであると同時に人間でもあるわけですが、これまでに倫理に反する行ないをしたことはありますか?

蚊に対してだけは、僕はきわめて非倫理的にふるまいます。ぐっすり眠っているときにあのブーンという音が聞こえると、僕はとても攻撃的になってしまうのです。マラリア蚊の生息する土地に滞在しているときはとくにそうです。一匹目の蚊がやってきたときは僕もまだ、追い払うだけにとどめるようつとめます。二匹目が飛んできても、まだ我慢します。でも、三匹目が来たらもう、応戦に転じます。そのときの機嫌やマラリアに感染する危険度によって、どのくらい攻撃的になるかは変わりますが。

マラリアにかかる可能性が低く、機嫌も悪くないときは、蚊に刺させてやることもあります。そしてそのようすを眺めたりします。蚊は僕の血をたっぷり吸うと、どこかに飛んでいきます。感謝のしるしは欠片《かけら》も見せません。なぜだろうと僕は不思議に思いました。オックスフォード大学に講演で赴いたとき、講演が終わったあとで、よい機会とばかり教授陣にこうたずねました。生き物の脳はどのようにできていれば、何かに感謝をしたり感謝の意を示したりできるのでしょうか、と。彼らは答えることができませんでした。猫や犬は人間に何かいいことをしてもらうと、うれしそうな表情をします。感謝の意を示す能力は、脳の大きさにかかわっているのか、それとも構造にかかわっているのか、僕は今もなお考えつづけています。

蚊のことに話を戻しましょう。夜に二匹目の蚊が飛んできたとき、僕は追い払います。でも、相手がそのあと何度も降りてくるようなら、叩いてしまいます。

D. Lama

――お酒を飲んだことはありますか？　タバコや麻薬を摂取したことは？

いいえ、一度もありません。僕の経験によれば、心が不安定な人ほどこうした物質を摂取する傾向があるようです。僕の心はいつも平安なので、そうしたものは必要ないのです。

――ピーナッツバターは好きですか？

ピーナッツバターの味は好きですよ。でも、医者から健康にはよくないといわれているので、たまにしか食べません。

――ダライ・ラマは多くの人々にとって、とりわけチベットの人々にとって、大きな希望の星だと思います。こうした期待の重さにどう対処していますか？

そうですね、たしかに道徳的な責任の重さを痛感することはあります。とくにチベットの人々にたいしては重い責任を感じます。政治的な責任はすでに、民主的に選ばれた代表者に譲渡しました。僕は一五歳のときに宗教的および政治的な任務を引き受け、六〇年後に政治的な責任を、民主的に選ばれた（亡命）政府に渡しました。いまもチベットの文化と環境、そして仏教についてはは責任がありますが、前よりも楽に責任を負うことができています。

人々に仕えることこそが自分のいちばんの精神修行だと、僕は考えます。そう考えることで、内なる強さが生まれてきます。僕は自分の人生を、他者に尽くすために捧げています。これからも可能なかぎり、それをつづけていきます。僕がしばしば引用する祈りの言葉に、それは表現されています。

虚空が存在するかぎり、命あるものが存在するかぎり、私も存在しつづけて、
この世の苦しみを取り除くことができますように。

［6］親と教師たちへ

子どもは励まされると、自信をもてるようになる。
子どもは褒められると、自分を高く評価できるようになる。
子どもは安全に暮らしていると、信頼することを学ぶ。
子どもは認められると、力を発揮できるようになる。
子どもは友情の中に受け入れられると
世界に愛を見つけられるようになる。

（チベットの教え）

若い人々にこうした価値を適切に教えるうえで、教育者が果たす役割はとても重要です。倫理的な問題に関する純粋な知識ならば、学校の教科書や教材を使って教えることもできます。しかし、愛の善行や温かい心がどんな価値をもつのかは、教科書を読むだけでは正しく伝えることができません。みなさんは親や教師として子どもたちのために、彼らの長い前途が幸福であるよう心を砕き、それを生徒に伝えなければなりません。

みなさんがそれぞれの心の中で、子どもたちの長い未来にほんとうの関心を抱いていなければ、愛や思いやりの意味についていくら語っても、子どもたちの頭の中にはおそらく何も残りません。

教師は、人間的な温かさをいっさい見せずにただ何かを語るだけの彫像やロボットのような存在であってはなりません。個々の生徒のそれぞれの必要に応じるべきです。教師は、ただ知識を教えるためにそこにいるのではなく、内なる真の価値を伝えるために存在するのです。それが、思いやりです。

内なる価値を子どもに伝えるには、みなさんは教師として自らそれを実践しなくてはなりません。そうすれば、子どもたちの輝く瞳の中にもきっとそれを見つけられるでしょう。子どもたちの長い前途に教師が心からの関心を示せば、子どもらは心を大きく動かされます。そして、自分たちが愛され、未来の幸福を心から案じられていることを感じ取ってくれるでしょう。

ダライ・ラマと僕らの希望

フェリックス・フィンクバイナーによる「あとがき」

僕らが目覚め、正しいことをすれば、すべてはきっとうまくいく

正義感は、人間に生まれながらに備わった資質です。子どもは直感的に、何が正しく何が正しくないかを感じ取り、青年期になればおおかたが正義感を抱くようになります。だからこそ僕たちは、人間がこの地球を、そしてこの世界を手ひどく扱いつづけるのを見過ごすことができないし、これから大人になる未来の世代のためにも、地球が人の住めない場所になるのをただ傍観しているわけにはいかないのです。僕ら若

者は大人から、想像もつかないほどの借金の山に加え、未解決な問題の山や国際的な課題も引き継ぐことになります。

複数の調査によれば、ドイツの子どもの四分の三は気候変動と貧困を、人類が立ち向かうべき最大の問題だと考えています。貧困の拡大の結果、現在、地球上で毎日約三万人の人々が飢えで命を落としています。そのおおかたは子どもたちです。気候変動の原因は、人間が毎日のように地面から石油や石炭や天然ガスなどの形でたくさんの炭素をとりだし、二酸化炭素として大気中に排出していることにあります。太陽は長い時間をかけて地上にそれらを蓄えてきたのです。「気候正義」という言葉には、ドイツのたくさんの子どもや青年の要求が集約されています。

地球の問題に解決の道を探すために、僕らの世代は大人の手本を必要としています。ダライ・ラマは、多くの人々にとって特別なお手本です。彼は生涯にわたって平和のために尽くし、国際協調の手本を示してきました。そこから人々は多くを学ぶことができます。だからこそ、ダライ・ラマが世界のあちこちで子どもたちとじかに触れあいながら、自身の知恵や経験を伝授してくれるのは、ほんとうにすばらしいことです。僕自身もケニア人のノーベル平和賞受賞者ワンガリ・マータイさんに会って、非常に強い影響を受けました。

僕たち子どもや青年に何ができるのだろう?

大人たちは問題についてよく認識しているし、どうすれば問題が解決するかについても知識をもっています。でも残念ながら大人は、問題についてあまり語ろうとしないし、行動もほとんどといってよいほどしません。ダライ・ラマもそう考えています。彼は一九九三年にこう述べています。

「すべての人々が世界を守るために個々の責任を認識し、毎日行動することが非常にたいせつだと私は感じています。それぞれの家庭や周辺の環境に、こうしたメッセージを根づかせるのはとても重要なことです」

僕ら青少年はずっと前からこのことを直感的に認識し、そのために力を注いできました。口で何かを言うだけでなく、何か行動しようと努力してきました。一匹の蚊がサイとわたりあえないのは、もちろん僕らもよくわかっています。しかし、蚊が千匹いれば、サイが進む方向を変えさせることも不可能ではないはずです。

これは、僕の個人的な歴史にも関連しています。僕は小学生のときに「プラント・フォー・ザ・プラネット（地球のために木を植えよう）」という環境保護団体を立ち上げ、短期間で多くの支持者と協力者を集めました。植林は、僕にとって、そして活動に協力してくれたすべての人にとって、未来のために戦う表現のひとつです。

僕らは大人の協力も得て、一〇〇〇〇〇〇〇〇〇〇〇〇（一兆）という金融危機でしか耳にしないような膨大な数の木を、これからさらに植えていくつもりです。それだけの木を植えるスペースが、農業や開拓のための土地を削らずとも世界にはまだ十分にあります。砂漠にまで植林する必要もありません。それだけの木を植えれば、人類がこんにち排出している二酸化炭素のおよそ四分の一を吸収できます。樹木は、未来の二酸化炭素排出量削減に向けてしばしの時間を稼ぐ「タイム・ジョーカー」として、人類の生存のために重要な役目を果たします。

地球の平均気温が二度以上あがることを、僕らは阻止しなくてはなりません。二、三度の気温上昇でたとえばグリーンランドの氷が全面的に溶け始め、その結果、海面が七メートルも上昇してしまうからです。もちろん、本当に何が起こるかは誰にも確実にはわかりません。でも、地球の平均気温が今より五度低かったとき、現在の地面が二キロメートル上まで氷で覆われていたことははっきりしているのです。

ダライ・ラマが植林活動を、変革への重要な手段として評価してくれたことを、僕はとてもうれしく思います。彼はこう言っています。

「私は植林の重要さをさまざまな場で発言しています。現在の拠点であるインドはもちろんチベットの人々にもそれを伝えています。喜ばしいことに、植林を通じて地球環境を守ろうという活動、そして現在生えている樹木を守ろうという熱心な取り組みは、世界中で急速に広まりつつあります。地球規模で見ると、気象動向および自然の安定には森林が密にかかわっています。だからこそ地球環境の保護は、世界に生きる私たち一人一人が負わなければならない責任なのです。私たちのような亡命チベット人にとっては、環境保護にたんに理論的に取り組むだけでなく、理念を実行に移し、木を植えることがとくに重要だと私は考えます。地球規模の問題を懸念していることを世界に向けて表明できると同時に、小さいながらも重要な貢献をすることができるからです」

成功のカギは力を合わせること

地球規模の問題の解決には、世界の国々が協力しあうことを定めた国際的な規則や協定が必要です。若者はすでにそのことを理解しています。僕らが定期的に国連の会議に参加しているのはそのためです。講演や行動を通して世界各国の多くの人々に声を届けることをめざしています。

僕たちが願うのは、活動を指数関数的に急速に、そして社会的な手段によって拡大することです。二の三三乗は、八〇億を超えます。仮に二人の人間が、何かの考えの正しさをそれぞれ二人の人たちに納得させたとしましょう。次の一カ月で別の四人に、というふうに繰り返していければ、三二カ月後には地球上のすべての人々が同じ理想を抱くことになります。

この点でもダライ・ラマは僕らと同じ希望を抱いています。彼はこう言っています。

「環境問題の啓蒙には、情報を正しく広くひろめることがだいじです。人々は状況の深刻さに徐々に気づき、地球にもっと配慮しなければならないと認識しはじめています。メディアもそのために、つとめを果たすべきです。そして、人間のあらゆる活動において、他人のことを思う意味を強調しなくてはなりません。新聞、テレビ、映画やラジオなどは、このテーマを何度でも取りあげていくべきでしょう。こうした力をぜひ活用しなければならないと、私は考えます」

権力者にとっても、「このままの路線」を進むか「持続可能路線」にするかという二者択一は早晩なくなるだろうと僕らは確信しています。「このままの路線」が意味するのはつまり、世界の不平等をさらに進めることであり、生活の土台にある生態系をさらに破壊することでもあります。民主主義的な決定が無効にされることもあるかもしれません。そうしたことを僕ら若者はもう、見過ごすことができません。これからを生き延びる指針として必要なのは、「持続可能性」のほうなのです。

僕らが目覚め、正しいことをすれば、
きっとすべてはうまくいくだろう。

謝辞

この本の完成に力を貸してくれた次の人々に感謝する。優れた判断力と経験を通じて、私の文章から一冊の本を作り上げてくれたC・H・ベック社のウルリッヒ・ノルテとペトラ・レーダー。本書の企画を当初から支援し、首尾よく許可を取り付けてくれたチベット事務局のツェテン・サンドゥプ・チューキャパとテンズィン・D・セウォ。ダライ・ラマやチベット仏教に関する私の質問に詳しく、そして忍耐強く答えてくれたゲシェー・ゲドゥン・ユンテン、ゲシェー・ペルデン・ウーセル、プンツォク・ツェリン・トゥチュクの三名。ゲシェー・ペルデン・ウーセルをはじめとするセラ・ジェイ修道院の僧の話を通訳してくれたゲツルマ・ロサン・チューキ。そして、私のためにいつでも図書館の扉を開いてくれたハノーヴァーのチベットセンター。

ハノーヴァーのリスト統合学校のオズワルド・ナハトヴェイ校長は私に、生徒らのダライ・ラマ訪問の前後数カ月、取材をする許可を与えてくれた。授業への参加を認めてくれた教師のアンゲリカ・ザイファルトとギーゼラ・ヴィッテにも感謝を述べたい。フリッツ・ディングラー、オッレ・スモリッチ、ダルク・エンゲル、ルイツィア・エンドレス、ワシーリア・リスト、ユリカ・ヒュルセマン、マリン・レイヤー、エマ・ドーマン、トム・アウストら国際政治のクラスの生徒たちにも感謝する。ダライ・ラマのために、そしてチベット難民の子どものために積極的にとりくむ彼らの姿に私はおおいに心を動かされ、触発された。

シュタインフーデのギムナジウムの生徒たち、そしてグラフ・ヴィルヘルム小学校の生徒たちにも同様の感謝を捧げたい。彼らはダライ・ラマを訪問したときの印象について、私の質問に詳しく回答してくれた。レオナルド・エーレルト、クリスティナ・メッケ、マクシミリアン・ディジウス、ソーニャ・ヴィーヘ、ニコラス・ブッシュ、ジーナ・マティエ、メリーナ・シェーレ、そしてユリア・ヴェーゼマンに感謝の言葉を贈る。彼らとの対話を許可してくれたシュタインフーデ・ギムナジウムの副校長、クラウディア・シュタルケにもお礼を申し上げる。

世俗の倫理に関する疑問についていつも相談にのってくれたユルゲン・マーネマン教授、そして、融和的な文化がどのようにドイツに確立されうるかを解説してくれたバルバラ・フォン・マイボム教授にはとくに感謝を申し上げたい。そのほかに、ハンブルクのドゥ・スクールで人々を勇気づけるすばらしい話を聞かせてくれたシーラ・エルワージーにも感謝を捧げる。

さいごに、ダライ・ラマに感謝を捧げる。この本の執筆や下調べに費やした時間で私は、たくさんのことを学び、たくさんのことを知った。どうもありがとう。

訳者あとがき

本書は“Kinder sprechen mit dem Dalai Lama: Wie wir eine bessere Welt erschaffen”の翻訳です。原語はドイツ語です。タイトルを直訳すると、「子どもたちがダライ・ラマと語る——より良い世界のつくり方」となります。

タイトルが示している通り、本書はダライ・ラマとドイツの子どもたちの対話を中心に構成されています。対話とダライ・ラマの講話が本書の後半にまとめられ、前半では、ダライ・ラマという人物について、そして仏教や仏陀について著者のクラウディア・リンケが簡潔に紹介しています。クラウディア・リンケは法律家およびプロジェクト・マネージャーとして国連に所属し、ニューヨークやアフリカで勤務した経験をもちます。

ドイツとダライ・ラマというとやや不思議な取り合わせに見えるかもしれませんが、ドイツにかぎらずイギリスやフランスなどヨーロッパ諸国でダライ・ラマはたいへん人気が高く、著書や評伝は各国のロングセラーになっています。

ダライ・ラマは一九八九年にノーベル平和賞を受賞し、二〇〇八年には、アメリカのタイム誌が毎年選ぶ「世界でもっとも影響力のある一〇〇人」の第一位に輝いています。ロンドンの書店ワトキンスが編集・発行する『マインド・ボディ・スピリット』という雑誌の「世界でもっとも精神的に影響力のある人物ランキング」では例年のように一位の座を占めています。いわば、世界で一番賢い長老といったところでしょうか。


ドイツの小学校にはいわゆる「道徳」の授業はなく、そのかわり「宗教」の授業が一年生の時からあります。プロテスタントとカトリックで授業を別々にするか、他宗教の生徒の参加は強制か否かなどは、学校の運営形態や地域によって異なるようですが、現代のドイツの小学校には移民を含め外国人の子どもが少なからず在籍することを考えると、宗教を通して倫理を学ぶにはいろいろ難しい点もあるのではないかと想像します。本書の著者がたびたび、〝宗教に関係ない世俗の倫理〟について言及するのは、そうした背景があるせいかもしれません。とはいえ、本書の内容およびダライ・ラマのメッセージは、著者も述べているように、けっしてドイツに限定されない普遍的なものです。

本書に収められたダライ・ラマとの対話の中で、子どもたちは、文字通り神をも恐れぬ質問をチベット仏教の最高指導者に投げかけます。そしてダライ・ラマは、ときには冗談を交えながら、終始ユーモラスに回答しています。きっと対話は笑いに満ちていたことでしょう。

前半の、ダライ・ラマおよび仏教や仏陀について著者リンケが記述した部分は、おそらく子どもも読めるようにとの配慮で、難解な表現を避けてやさしい言葉で書かれています。しかし、大人が読んでもけっして遜色ない内容で、仏教やダライ・ラマについての格好の入門書になっていると思います。

本書の原書は、ドイツで人気のイラストレーター、ボンケの絵をふんだんに使った美しい造本ゆえ、ドイツ・アートブック財団が毎年選ぶ「もっとも美しい本」のひとつに選ばれています。原書の美しさを最大限に生かして日本語版をつくってくださった、高梨公明さんをはじめとする春秋社編集部の皆さまに、この場を借りてお礼を申し上げます。そして今回、共訳をお引き受けくださった中野真紀さんにも深く感謝します。中野さんには第1部と、第2部の「二一世紀の世代に語るダライ・ラマのスピーチ」を翻訳していただきました。それ以外の部分を私、森内薫が翻訳し、さらに全体の統一を行ないました。

最後に、二〇一五年一一月にパリで起きた同時多発テロ事件の後、ダライ・ラマがドイツのラジオ局「ドイチェ・ヴェレ」のインタビューで語った言葉を引用します。本書のメッセージにも重なるすばらしい言葉だと思います。

ただ祈るだけでは、問題は解決できません。私は仏教徒ですから、祈りの力を信じています。しかし、この問題をつくりだしたのは私たち人間なのに、いま私たちは神に解決を求めています。それは筋違いです。神様はきっとこう言うでしょう。そもそもあなたたちが問題をつくりだしたのだから、自分で解決しなさい、と。

一帯感や調和といった人間的な価値感をはぐくむには計画的なアプローチが必要です。今すぐにそれを始めれば、今世紀は前世紀とはちがうものになる望みがあります。これは、私たちひとりひとりにかかわることです。ですから、家族や社会の中で、平和のために尽くしましょう。神や仏や政府に助けを期待するのではなく。

私たちがこんにち直面している問題は、信仰や国籍に関する表面的なちがいから生まれています。でも、私たちはみな同じ、人間なのです――。

二〇一六年六月

森内　薫

■ 参考書籍

Dalai Lama: Die Regeln des Glücks. Ein Handbuch zum Leben. Mit Howard Cutler, Freiburg i. Br. 2000（邦訳『ダライ・ラマ　こころの育て方』求龍堂）

Dalai Lama: Die Lehren des tibetischen Buddhismus, München 2000

Dalai Lama: Frieden lernen. Herausgegeben von Michael Wallosseek, Bielefeld 2007

Dalai Lama: Rückkehr zur Menschlichkeit. Neue Werte in einer globalisierten Welt, Köln 2011

Cesco, Frederica de: Die goldenen Dächer von Lhasa, Würzburg 2009

Harrer, Heinrich: Sieben Jahre in Tibet - Mein Leben am Hofe des Dalai Lama, Berlin 1997（邦訳『セブン・イヤーズ・イン・チベット』角川文庫）

Michaels, Axel: Buddha. Leben, Lehre, Legende, München 2011

Schmidt-Glintzer, Helwig: Der Buddhismus, München 2007

Schmidt-Salomon, Michael: Hoffnung Mensch. Eine bessere Welt ist möglich, München 2014

Snel, Eline: Stillsitzen wie ein Frosch. Kinderleichte Meditationen für Gross und Klein, München 2013

Thich Nhat Hanh: Achtsamkeit mit Kindern, München 2012

■ 重要なリンク先

www.dalailama.com
www.tibet-initiative.de
www.dialogmachtschule.de
www.children.de
www.plant-for-the-planet.org
www.buddhakids.de
www.weltethos.org

訳者プロフィール

森内　薫（もりうち かおる）
翻訳家。上智大学外国語学部フランス語学科卒業。訳書にT・ヴェルメシュ『帰ってきたヒトラー』（河出文庫）、M・ムーティエ『ドイツ国防軍兵士たちの100通の手紙』（河出書房新社）、D・ブラウン『ヒトラーのオリンピックに挑め――若者たちがボートに託した夢』（ハヤカワ・ノンフィクション文庫）、E・フォックス『脳科学は人格を変えられるか？』（文藝春秋）、R・マーティン『愛が実を結ぶとき』（岩波書店）などがある。

中野真紀（なかの まき）
独日・英日実務翻訳者。石川県生まれ。獨協大学外国語学部ドイツ語学科卒業。1999年から2002年までボン大学に留学。訳書にドイツ連邦議会答申『現代医療の法と倫理』、ミヒャエル・フックス『科学技術研究の倫理入門』（以上、共訳、知泉書館）がある。『週刊 体のふしぎ』シリーズ（アシェット・コレクションズ・ジャパン）などの翻訳も担当。

クラウディア・リンケ（Claudia Rinke）
長年、法律家およびプロジェクトマネージャーとして国連に所属し、アフリカやニューヨークで勤務。現在はベルリンで、対話や参画を専門とした助言者団体で活動している。

イェンス・ボンケ（Jens Bonnke）
パリ生まれ。ベルリンでヴィジュアル・コミュニケーションを学ぶ。現在はベルリンでフリーのイラストレーターとして活躍。『ディー・ツァイト』『ニューヨークタイムズ』『SZ マガジン』『キケロ』などに寄稿。近著に『Flugsaurier = Gaulfriseur. Tierische Anagramme』（2011 年）、『Der andere Wagen war absolut unsichtbar, und dann verschwand er wieder』（2012 年、Reihe Tolle Hefte）などがある。

フェリックス・フィンクバイナー
(Felix Finkbeiner)
1997 年生まれ。9 歳で「プラント・フォー・ザ・プラネット（www.plant-for-the-planet.org）」の世界的な活動をたちあげる。国連子ども大使。子どもの選挙権のために運動中。

14歳のダライ・ラマ
(1949年撮影)

© Roger-Viollet

テンジン・ギャツォ (Tenzin Gyatso)

1935年生まれ。ダライ・ラマ14世。チベット仏教の最高指導者。1959年にインド北部に亡命。以来、数十年にわたって同地から、人間的な価値の啓蒙や民族間の理解、宗教間の対話、環境保護などのために尽力している。1989年にノーベル平和賞を受賞。2011年にチベットの政治的指導者の地位を退く。

© ADNAN ABIDI

2009年、インドでの法話のあと

ダライ・ラマ　子どもと語る

2016年8月8日　第1刷発行

著　　者　クラウディア・リンケ
訳　　者　森内薫／中野真紀
発 行 者　澤畑吉和
発 行 所　株式会社 春秋社
〒101-0021 東京都千代田区外神田2-18-6
電話 03-3255-9611(営業)
03-3255-9614(編集)
振替 00180-6-24861
http://www.shunjusha.co.jp/
印刷・製本　萩原印刷株式会社

ISBN 978-4-393-13408-5　定価はカバーに表示してあります。